Sensationelle Küchen-Experimente

AUSPROBIEREN + STAUNEN + VERSTEHEN

circon

Impressum

Baierbrunner Straße 27, 81379 München
Ausgabe 2022

Text: Kerstin Landwehr, Martina Rüter
Illustrationen: Gisa Borchers
Redaktion: Jennifer Döhring
Produktion: Ute Hausleiter
Abbildungen: siehe Bildnachweis S. 111
Titelabbildungen: shutterstock.com: Juliet_boo (Hintergrundbild), Krzysztof Slusarczyk (Lavendel), Lida Bu (Doodles); Illustrationen: Gisa Borchers
Umschlag- und Layoutgestaltung: Agentur Nemetz, Offingen

ISBN 978-3-8174-4289-8
381744289/1

Besuchen Sie uns auf Instagram und Facebook: circonverlag

www.circonverlag.de

Vorwort

Liebe Forscherin, lieber Forscher,

hättet ihr gedacht, dass ein Ei von ganz alleine in eine Flasche schlüpft? Oder habt ihr schon mal beobachtet, wie eine Mineralwasserflasche in Sekundenschnelle gefriert? Auch, wenn es so aussieht – mit Zauberei hat das nichts zu tun. Hinter den meisten Experimenten steckt eine einfache, aber spannende naturwissenschaftliche Erklärung.

In diesem Buch warten tolle Experimente auf euch, die ihr mit Dingen, die man normalerweise in der Küche verwendet, durchführen könnt.

Viel Spaß beim Experimentieren

Vorsicht!

Die meisten Experimente sind nicht besonders kompliziert. Aber manchmal kommen dabei gefährliche Dinge wie Messer, Scheren und Feuer zum Einsatz. Bitte zeige diese Experimente immer zuerst deinen Eltern und frage sie, ob du sie alleine machen darfst oder ob es besser ist, dass sie dich unterstützen.

Inhaltsverzeichnis

Das brauchst du

- 1 Apfel
- 1 Zitrone
- 1 Zitruspresse
- 2 Untertassen
- 1 Haushaltsreibe

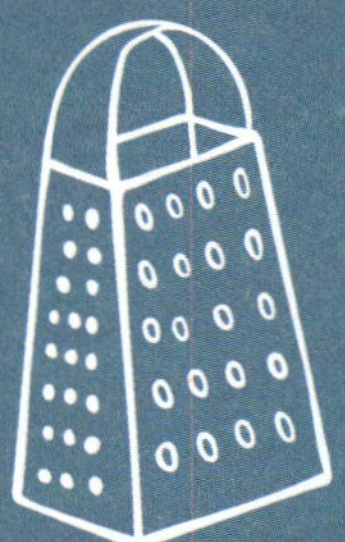

Apfel

Äpfel sind gesund. Sie enthalten viele Vitamine sowie die Mineralstoffe Kalium, Calcium und Magnesium. Schneidet man einen Apfel in Stücke, nehmen die Apfelstücke in kürzester Zeit eine unappetitlich braune Farbe an. Um den Zerfallsprozess von Lebensmitteln aufzuhalten, gibt es verschiedene Möglichkeiten der Haltbarmachung. Bei Äpfeln hilft Zitronensäure.

Mache dazu diesen Versuch

1. Presse die Zitrone mithilfe der Zitruspresse aus.
2. Teile den Apfel in zwei Hälften und schneide die Schale ab. Lass dir dabei von einem Erwachsenen helfen.
3. Reibe eine Apfelhälfte mit der Reibe zu Mus.

4. Teile den geriebenen Apfel in zwei gleiche Teile auf und gib sie auf je eine Untertasse.

5. Gieße etwas Zitronensaft über einen der beiden Teller mit dem geriebenen Apfel.

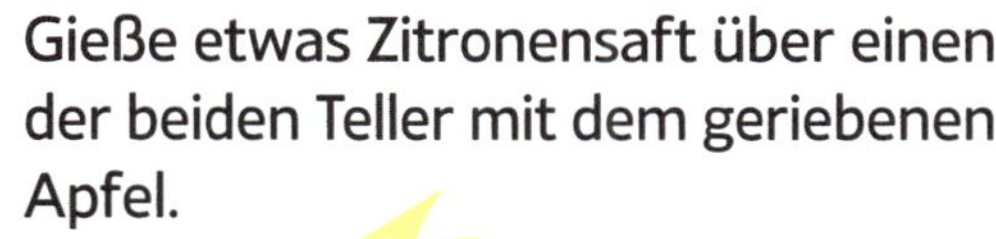

6. Lass beide Teller etwa zehn Minuten stehen.

Den geriebenen Apfel kannst du nach dem Versuch noch essen – auch wenn der eine etwas unappetitlich aussieht und der andere etwas sauer schmeckt.

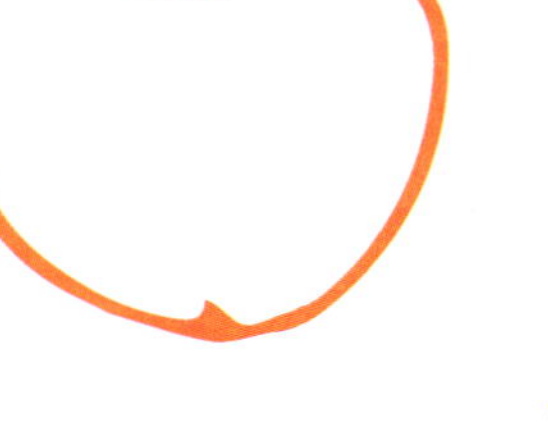

Apfel

Der unbehandelte Apfel hat sich nach zehn Minuten unappetitlich braun verfärbt. Der mit Zitronensaft beträufelte Apfel hat seine ursprüngliche helle Farbe behalten.

Das steckt dahinter

Beim Apfel greift der Sauerstoff der Luft das Fruchtfleisch an. Dabei findet eine chemische Reaktion statt. Da diese Reaktion mit Sauerstoff abläuft, nennt man sie Oxidation. Der saure Zitronensaft wirkt dagegen wie eine Schutzhülle und hält den Sauerstoff von dem zerriebenen Apfel fern. In vielen Produkten findest du Konservierungsstoffe, die Lebensmittel länger haltbar machen. Das Wort „konservieren" kommt aus dem Lateinischen und bedeutet „erhalten". Dabei versucht man den natürlichen Zerfallsprozess von leicht verderblichen Lebensmitteln, wie Obst und Gemüse, möglichst lang herauszuzögern. Achte einmal beim nächsten Einkauf im Supermarkt auf die Etiketten. Auf einigen wirst du Säuerungsmittel finden. Sie dienen der Haltbarmachung.

Blitzeis

Mit diesem Experiment kannst du auch auf einer Geburtstagsparty alle Gäste zum Staunen bringen. Und alles, was du dazu brauchst, ist eine Mineralwasserflasche und einen Gefrierschrank.

Das brauchst du

- 1 neue Mineralwasserflasche mit viel Kohlensäure
- Gefrierschrank

Mache dazu diesen Versuch

1. Nimm eine neue und vor allem noch ungeöffnete Mineralwasserflasche und lege sie in den Gefrierschrank. Jetzt musst du so ungefähr drei oder vier Stunden abwarten.

Blitzeis

2. Du solltest ein- oder zweimal in der Stunde an dem Gefrierschrank vorbeischauen und die Mineralwasserflasche überprüfen. Wichtig ist nämlich, dass das Wasser in der Flasche nicht gefriert! Dies kann manchmal passieren, wenn die Temperatur im Gefrierfach zu niedrig eingestellt ist. Das Wasser muss nur richtig gut durchgekühlt sein.

3. Nun kommt dein großer Auftritt! Jetzt muss alles sehr schnell gehen. Nimm die Flasche aus dem Gefrierschrank und öffne sie sofort vor den um dich herum versammelten und neugierigen Gästen. Lass deine Gäste am besten vorher raten was passiert. Du wirst sehen, der Applaus ist dir sicher!

Du öffnest eine vollkommen harmlos aussehende Mineralwasserflasche und in Sekundenschnelle gefriert das Wasser in der Flasche zu Eis. Ist hier schwarze Magie am Werk? Ganz und gar nicht! Die Flasche friert von oben nach unten zu. Und das in affenartiger Geschwindigkeit.

Das steckt dahinter !

In deiner Mineralwasserflasche herrschte durch die Kohlensäure Überdruck. Dadurch steht auch das Wasser in der Mineralwasserflasche unter einem erhöhten Druck. Dies kannst du beispielsweise daran erkennen, dass die Flaschen immer zischen, wenn du sie öffnest. Die Mineralwasserflasche aus dem Eisfach hat eine Temperatur, die unter 0 Grad ist. Das Wasser konnte aber wegen des erhöhten Drucks noch nicht gefrieren. Denn Wasser, das unter einem solchen Überdruck steht, gefriert erst bei Temperaturen, die weit unter 0 Grad Celsius liegen. In dem Moment, wo du die Flasche öffnest, entweicht der Druck und du hast Blitzeis! Umgekehrt taut Eis aber auch unter Druck sehr schnell auf. Die Schlittschuhläufer fahren, wenn du genau hinsiehst, nicht auf Eis, sondern auf einer ganz dünnen Wasserschicht. Die Kufen der Schlittschuhe drücken das Eis mit solcher Kraft zusammen, dass sich dieser Wasserfilm bildet.

Brausepulver-flasche

Das brauchst du

- 1 leere Plastikflasche
- Wasser
- 1 Luftballon
- 2 Tüten Brausepulver oder 2 Vitamintabletten

Einen Luftballon mit dem Mund aufblasen, das kann ja jeder! Aber hast du mal versucht einen Luftballon mit einer Flasche aufzublasen? Besser gesagt den Luftballon sogar von der Flasche aufblasen zu lassen? Du stehst einfach nur daneben und siehst zu, wie der Ballon immer größer wird. Toll, nicht wahr?

Mache dazu diesen Versuch

1. Fülle eine leere Plastikflasche bis zum Anfang des Flaschenhalses mit Wasser.
2. Dann nimmst du die Tüten mit dem Brausepulver und kippst sie in die Flasche mit dem Wasser hinein. Wenn du Vitamintabletten benutzt, dann zerbrösele sie vorher ein wenig und lasse sie anschließend in die Flasche plumpsen.

3. So, jetzt musst du dich aber beeilen! Stülpe den Ballon blitzartig über den Flaschenhals, sodass keine Luft aus der Flasche entweichen kann. Halte den Ballon fest, damit er nicht wieder von der Flasche abrutschen kann. Nun pass gut auf, was passiert!

Der Ballon wird ohne dein Zutun langsam größer! Die Brause oder die Vitamintabletten lösen sich in dem Wasser auf. Der Ballon, der über den Flaschenhals gestülpt ist, bläst sich dadurch auf. Naja, ein Riesenballon wird nicht aus ihm werden, aber zumindest sparst du dir eine Menge Puste.

Das steckt dahinter !

Beim Auflösen des Brausepulvers oder der Vitamintabletten entsteht Kohlendioxid. Das Kohlendioxid steigt in der Flasche auf. Da es nicht in die Luft entweichen kann, weil der Ballon ja den Ausgang verstopft, wandert das Kohlendioxid in den Luftballon und bläst ihn dadurch auf.

Das brauchst du

- Lebensmittelfarben
- einige Stücke Würfelzucker
- 1 weißen Teller
- 1 Tropfpipette (wie man sie zum Eintropfen von Nasentropfen verwendet)
- Wasser

Bunter Zucker

Das folgende Experiment zeigt dir, wie sich Zucker in Wasser löst. Normalerweise sieht man das nicht, da sich Zucker in nicht zu großen Mengen völlig in Flüssigkeiten wie zum Beispiel Tee, Kaffee oder Wasser auflöst.

Mache dazu diesen Versuch

1. Bedecke den Teller mit einer Wasserschicht.
2. Gib auf einen Zuckerwürfel einen Tropfen Lebensmittelfarbe.

3. Tropfe mit der Pipette noch etwas Wasser auf den Zuckerwürfel, damit sich die Farbe besser verteilt.

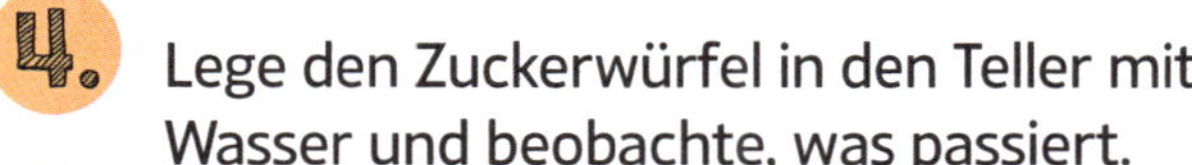

4. Lege den Zuckerwürfel in den Teller mit Wasser und beobachte, was passiert.

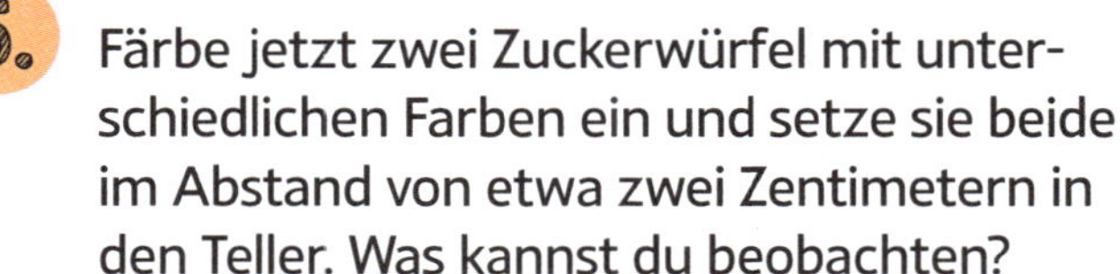

5. Färbe jetzt zwei Zuckerwürfel mit unterschiedlichen Farben ein und setze sie beide im Abstand von etwa zwei Zentimetern in den Teller. Was kannst du beobachten?

Der Zucker löst sich auf und verteilt sich auf dem Teller. Es entstehen wunderschöne strahlenförmige Muster. Legst du zwei unterschiedlich gefärbte Zuckerstücke in den Teller, so bildet sich zwischen den verlaufenden Farben zunächst eine scharfe Grenzlinie. Lässt du den Teller einige Zeit stehen, vermischen sich die beiden Farben vollständig.

Das steckt dahinter!

Der Zucker löst sich im Wasser auf und verteilt sich. Dabei nimmt er die Farbteilchen mit sich. Der Zucker ist beim Einlegen des Würfelstücks an einer Stelle konzentriert. Die Natur ist jedoch bestrebt eine gleichmäßige Verteilung der Zuckerteilchen im Wasser zu erreichen. Deshalb wandern die Zuckerteilchen auseinander. Dieser Vorgang hält so lange an, bis die Zuckerteilchen sich überall im Wasser gleichmäßig verteilt haben, also das Wasser an allen Stellen gleich süß ist. Im zweiten Teil des Versuchs, wenn du zwei Zuckerwürfel in den Teller gibst, treffen dort, wo die Zuckerteilchen beider Würfel aufeinanderstoßen, etwa gleich hohe Mengen aufeinander. Damit kommt die Wanderung zunächst zum Stillstand. Mit der Zeit vermischen sich beide Farben jedoch vollständig.

Das brauchst du

- 1 kleines Schraubgefäß aus Plastik
- 1 Murmel
- 1 Becher flüssige Schlagsahne
- 1 sauberes Küchenhandtuch
- 1 Sieb
- 1 Messbecher
- Wasser

Butter

Butter wird aus Kuhmilch beziehungsweise aus dem Rahm der Milch hergestellt. Sie besteht zu über 80 Prozent aus Milchfett und enthält auch Milchzucker, Mineralstoffe, Vitamine und Aromastoffe. Wenn du dein Frühstücksbrot einmal mit selbst gemachter Butter bestreichen möchtest, dann geht das ganz einfach.

Mache dazu diesen Versuch

1. Miss 50 Milliliter Sahne mit dem Messbecher ab.
2. Fülle die Sahne in den Plastikbehälter.

3. Gib eine Murmel dazu und verschraube das Gefäß fest mit dem Deckel.

4. Schüttle das Gefäß kräftig etwa 15 bis 20 Minuten lang.
5. Gieße das überschüssige Wasser durch ein Sieb, in das du ein sauberes Küchentuch legst.
6. Den Klumpen Butter wäschst du unter kaltem Wasser aus. Fertig ist die Butter.

Nach einiger Zeit bildet sich in dem Gefäß ein fester Klumpen. Der Butterklumpen ist ganz warm.

Das steckt dahinter !

Sahne ist in Wasser gelöstes Fett. Durch das Schütteln der Sahne kehrt sich dies um. Es entsteht eine Wasser-in-Fett-Lösung. Dabei trennt sich das überschüssige Wasser in Form von Buttermilch ab. Außerdem werden durch das Schütteln die Fettkügelchen des Milchfetts zerstört. Die Fetthülle bricht auf und das darin enthaltene Fett tritt aus. Das Butterfett findet sich zu einem Klumpen zusammen, der von der mechanischen Bearbeitung, dem Schütteln, ganz warm geworden ist. Wenn du die weiche Butter nun in eine Form gibst und nach dem Erkalten herauslöst, erhältst du eine formschöne Butter.

Das brauchst du

- 20 Gramm getrocknete Lavendelblüten aus der Apotheke
- 1 Teelöffel
- 1 Mörser
- 1 Messbecher
- 1 Glasschälchen
- 1 Kaffeefilter
- 1 Kaffeefilterpapier
- 1 hohes Glas
- Wasser
- 1 kleinen Trichter
- 1 leeres braunes Fläschchen mit Schraubverschluss
- 1 Etikett
- 1 Stift

Duftwasser

Wie wäre es mit einem selbst gemachten Duftwasser als Geschenk zum Muttertag oder zum Geburtstag deiner Schwester? Echtes und meist sehr teures Parfum enthält Alkohol, destilliertes Wasser und Duftstoffe wie ätherische Öle. Parfums gewinnt man durch die recht aufwendige Wasserdampfdestillation. Doch ein Duftwasser kannst du mit einfachen Mitteln leicht selbst herstellen.

Mache dazu diesen Versuch

1. Gib drei Teelöffel der getrockneten Lavendelblüten in den Mörser und zerkleinere die Blüten. Dabei kannst du den intensiven Geruch von Lavendel bereits riechen.

2. Gib die zerkleinerten Lavendelblüten in ein Glasschälchen.

3. Miss 30 Milliliter Wasser mit dem Messbecher ab und gib es zu den zerkleinerten Lavendelblüten. Rühre mit dem Teelöffel gut um.

4. Setze einen Kaffeefilter mit Kaffeefilterpapier auf ein hohes Glas.

5. Filtriere nun das Lavendelblütenwasser.

Duftwasser

6. Das dunkelviolette bis bräunliche Filtrat füllst du über einen Trichter in das braune Fläschchen.

7. Verschließe das Fläschchen, beschrifte das Etikett und klebe es auf.

Durch den Rauch

Auch in der Bibel wird der Gebrauch von Parfum beschrieben. Daher stammt auch der Name. Denn die Duftstoffe wurden meist verbrannt und stiegen als Rauchwolken in den Himmel: „Per fumum" heißt übersetzt aus dem Lateinischen so viel wie „durch den Rauch".

Das Wasser hat den Geruch der Lavendelblüten angenommen.

Das steckt dahinter !

Der Stoff, der den typischen Lavendelgeruch erzeugt, ist leicht flüchtig und gleichzeitig gut wasserlöslich. Deshalb kann man den Duftstoff des Lavendels mit dem Wasser verbinden. Auf die Haut aufgetragen verdunstet das Lavendelwasser recht schnell. Dadurch nimmst du den Lavendelgeruch intensiv wahr. In Alkohol können sich solche pflanzlichen Duftstoffe, wie Lavendel, noch besser lösen. Deshalb verwendet man bei der Herstellung von Parfums meist Alkohol. Er verdunstet noch schneller als Wasser und verfügt zudem über eine antibakterielle Wirkung. Dadurch behält das Parfum seinen guten Duft über einen längeren Zeitraum. Parfums können zahlreiche Duftbestandteile enthalten. Manche bestehen aus bis zu 250 Zutaten. Meist handelt es sich dabei um natürliche Essenzen wie ätherische Öle, es können aber auch synthetisch hergestellte Duftstoffe sein.

Zu den duftigsten Blüten zählen neben Lavendel Jasmin, Mimosen, Rosen und Veilchen. Auch aus Früchten, Gewürzen, Blättern oder Wurzeln lassen sich Duftstoffe gewinnen. Dazu zählen beispielsweise Orange, Limette, Zitrone, Pfirsich, Erdbeere, Kokos, Ingwer, Nelken, Rosmarin, Vanille und Lorbeer. Starke Duftstoffe wie Ammoniak oder Kölnisch Wasser setzte man früher als Erste-Hilfe-Mittel bei Ohnmacht ein. Duftstoffe stellten bereits die alten Ägypter vor mehr als 5000 Jahren her.

Das brauchst du

- 1 Gefrierbeutel aus dehnbarem Plastik mit 4 Liter Fassungsvermögen
- Schaschlikspieße
- Wasser

Durchlöchert

Ein Gefrierbeutel besteht aus Plastik und ist wasserundurchlässig – wenn er keine Löcher hat. Doch auch mit Löchern hält er dicht – wetten dass? Mit diesem verblüffenden Trick kannst du deine Freunde zum Staunen bringen.

Mache dazu diesen Versuch

Diesen Versuch machst du am besten über der Badewanne oder einer großen Schüssel.

1. Fülle den Gefrierbeutel zu etwa drei Vierteln mit Wasser.
2. Verknote den Beutel oben oder benutze eine Verschlussklemme. Du kannst auch eine Freundin oder einen Freund bitten den Beutel oben festzuhalten.

3. Stich nun vorsichtig nacheinander die Schaschlikspieße durch den mit Wasser gefüllten Beutelteil. Achte darauf, dass sie nicht herausrutschen – sonst wird es nass.

Trotz der vielen Löcher im Plastik rinnt kein Wasser aus dem Beutel.

Das steckt dahinter

Plastik ist ein Kunststoff. Plastiktüten zählen zu den sogenannten Thermoplasten. Das sind Kunststoffe, die sich in einem bestimmten Temperaturbereich sehr leicht verformen lassen. Viele dieser Kunststoffe sind auch im festen Zustand flexibel und einige können sich sogar im festen Zustand verändern. Wird der Schaschlikspieß durch den Beutel gebohrt, legt sich das dehnbare Plastik eng um das Holzstäbchen, das heißt, die Plastikteilchen umschließen es und der Beutel ist weiterhin dicht. Der Plastikbeutel besteht aus langen Teilchenketten, die durch Erhitzen in die gewünschte Form gebracht wurden. Dieser Prozess der Formgebung ist reversibel, das heißt, umkehrbar. Würdest du diesen Versuch mit einem wassergefüllten Luftballon machen, so würde es nicht funktionieren. Denn der Luftballon besteht aus Gummi und kann sich daher nicht wie der Plastikbeutel verhalten. Die Teilchen des Gummis ziehen sich nicht automatisch um den eingebohrten Gegenstand.

Eitrick

Zwischen den Sternen, der Sonne und dem Mond, weit draußen im Weltall, was ist da eigentlich? Luft, sagst du jetzt? Leider falsch! Denn im Weltraum ist ein Vakuum. Das heißt ein materiefreier Raum. Materiefrei heißt, dass da nichts ist. Gar nichts. Auch keine Luft. Man kann auf der Erde ein solches Vakuum künstlich schaffen. Das ist dann zwar nicht ganz so wie das im Weltraum, aber für einen tollen Versuch reicht es aus!

Das brauchst du

- 1 hart gekochtes Ei
- 1 leere Flasche mit einer großen Öffnung
- 1 Trichter
- Wasser

Mache dazu diesen Versuch

1. Bitte einen Erwachsenen dir ein Ei zu kochen. Lass das hart gekochte Ei auskühlen und pelle es anschließend.

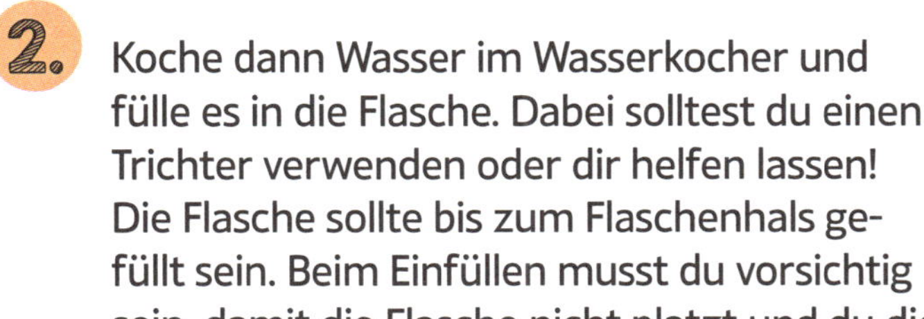

2. Koche dann Wasser im Wasserkocher und fülle es in die Flasche. Dabei solltest du einen Trichter verwenden oder dir helfen lassen! Die Flasche sollte bis zum Flaschenhals gefüllt sein. Beim Einfüllen musst du vorsichtig sein, damit die Flasche nicht platzt und du dich nicht verbrühst.

3. Schwenke nun die Flasche am Hals ein wenig hin und her. Vorsichtig, die Flasche wird durch das Wasser sehr schnell heiß!

4. Nun lege schnell das gepellte Ei als Verschluss auf die Flaschenöffnung und beobachte das Ei genau. Was jetzt passiert, ist so komisch, dass du deinen Augen wahrscheinlich zuerst nicht trauen wirst!

Das dicke Ei rutscht nun durch den schmalen Flaschenhals durch. Das Ei wird einerseits vom Vakuum der Flasche hineingezogen, andererseits hilft der höhere Luftdruck von außen mit. Das Ei wird also gleichzeitig in die Flasche gezogen und geschoben.

Das steckt dahinter

Sobald das Wasser in der Flasche ein wenig abgekühlt ist, „rutscht“ das Ei in die Flasche. Das liegt daran, dass das heiße Wasser mehr Platz benötigt als das abgekühlte Wasser. Sobald das Wasser abkühlt, entsteht nach und nach mehr Raum, also Platz in der Flasche. Von außen kann keine Luft eindringen, um den Raum zu füllen. Das Ei verschließt ja den Weg dafür. Es entsteht also ein Vakuum, das das Ei von außen nach innen in die Flasche zieht.

Emulgator

Normalerweise mischen sich Wasser und Öl nicht. Das Öl schwimmt als separate Schicht auf dem Wasser. Doch durch einen Trick bringst du Wasser und Öl dazu, sich doch zu vermengen.

Das brauchst du

- 1 Ei
- Wasser
- Speiseöl
- Lebensmittelfarbe
- 1 Messbecher
- 1 leeres, gut gereinigtes Glas mit Schraubdeckel
- 2 kleine Schüsseln

Mache dazu diesen Versuch

1. Miss 50 Milliliter Wasser ab und schütte es in das Glas.
2. Gib nun etwas Lebensmittelfarbe in das Wasser, damit es sich deutlich vom Öl abhebt. Rühre kräftig um.

3. Miss nun ebenfalls 50 Milliliter Speiseöl ab und gieße es auf das gefärbte Wasser.
4. Verschließe das Glas mit dem Schraubdeckel und schüttle es kräftig durch.

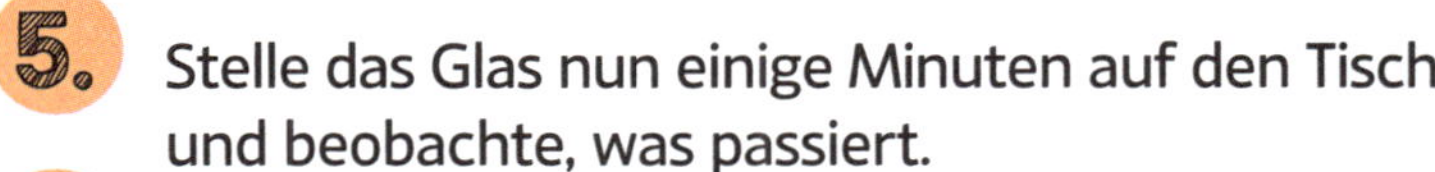

5. Stelle das Glas nun einige Minuten auf den Tisch und beobachte, was passiert.

6. Schlage anschließend ein Ei auf und trenne das Eigelb vom Eiweiß in zwei Schüsselchen.

7. Öffne das Glas mit dem Wasser und dem Öl und kippe das Eigelb hinzu.
8. Verschließe das Glas wieder und schüttle es erneut.
9. Stelle das Glas wieder einige Minuten auf den Tisch und beobachte.

Kippe die Mischung am Ende des Versuchs in den Ausguss.

Was passiert?

Zunächst bilden Wasser und Öl je eine Schicht, wobei das Öl auf dem Wasser schwimmt. Nach dem Schütteln trennen sich die beiden Flüssigkeiten schnell wieder. Nachdem du das Eigelb hinzugegeben hast, vermischen sich die beiden Flüssigkeiten jedoch miteinander.

Das steckt dahinter

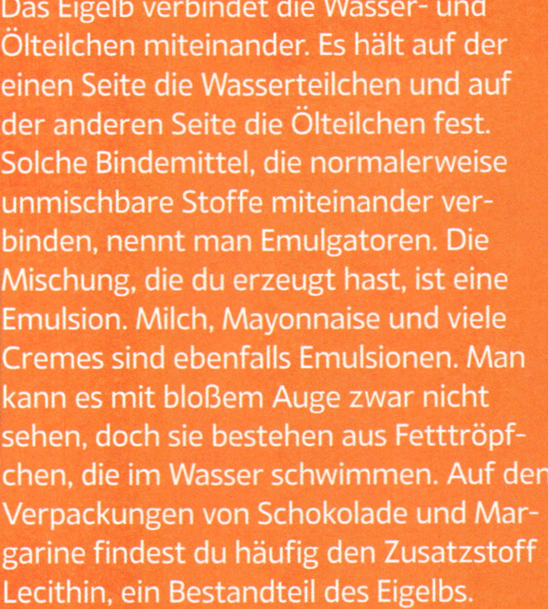

Das Eigelb verbindet die Wasser- und Ölteilchen miteinander. Es hält auf der einen Seite die Wasserteilchen und auf der anderen Seite die Ölteilchen fest. Solche Bindemittel, die normalerweise unmischbare Stoffe miteinander verbinden, nennt man Emulgatoren. Die Mischung, die du erzeugt hast, ist eine Emulsion. Milch, Mayonnaise und viele Cremes sind ebenfalls Emulsionen. Man kann es mit bloßem Auge zwar nicht sehen, doch sie bestehen aus Fetttröpfchen, die im Wasser schwimmen. Auf den Verpackungen von Schokolade und Margarine findest du häufig den Zusatzstoff Lecithin, ein Bestandteil des Eigelbs.

Eruption

Das brauchst du

- Sandkasten oder 1 große Schüssel mit Sand
- 1 leeres 100-Milliliter-Plastikfläschchen
- 1 Päckchen Backpulver
- 50 Milliliter Haushaltsessig (5%)
- Paprikagewürz
- 1 Messbecher mit Ausguss
- 1 langen Löffel
- 1 Stift

Vulkanausbrüche sind faszinierend und spektakulär, aber auch gefährlich. Im besten Fall kündigen sie sich an, doch oft genug bricht ein lange untätiger Vulkan unerwartet aus. Im Erdinnern herrschen bereits in einer Tiefe von rund 100 Kilometern Temperaturen zwischen 1000 und 1300 Grad Celsius. Bei diesen Temperaturen schmilzt das Gestein, steigt einige Kilometer weit im Erdmantel auf und sammelt sich in unterirdischen Magmakammern als zähflüssige Schmelze. Wird der Druck in der Kammer zu groß, bricht der Vulkan unweigerlich aus. Dann dringt das Magma über Spalten und Klüfte im festen Gestein nach oben und gelangt schließlich an die Erdoberfläche, wo es Lava genannt wird. Tritt an einer Stelle in regelmäßigen Abständen immer wieder Lava aus, bilden sich Vulkane. Meist haben sie ein kegelförmiges Aussehen, da sich immer neue Schichten übereinanderlegen. Einen Vulkan kannst du leicht im Sandkasten ausbrechen lassen.

Mache dazu diesen Versuch

1. Fülle das Backpulver in die leere Gewürzdose oder das Plastikfläschchen.
2. Forme einen Berg aus Sand.
3. Grabe oben im Sandberg ein Loch und versenke den Behälter mit dem Backpulver in der Spitze des Berges.

4. Miss 50 Milliliter Essig im Messbecher ab und gib eine große Menge des roten Paprikagewürzes hinzu, damit deine Lava echt aussieht. Rühre mit einem langen Löffel um.

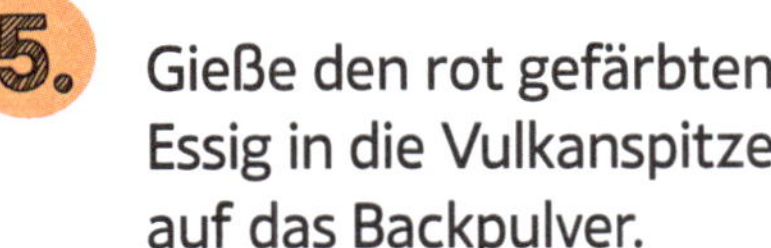

5. Gieße den rot gefärbten Essig in die Vulkanspitze auf das Backpulver.

Eruption

Erst sprudelt es kräftig und dann bricht dein Vulkan schließlich aus. Die rot gefärbte Essig-Paprika-Mischung ergießt sich in Lavaströmen den Sandberg hinab.

Das steckt dahinter

Die Essigsäure reagiert mit dem Natron (Natriumhydrogencarbonat) des Backpulvers. Dabei entsteht Kohlenstoffdioxid, ein Gas. Die heftige chemische Reaktion erzeugt viele Bläschen, die die Flüssigkeit nach oben drücken. Die Bläschenbildung kannst du noch verstärken, indem du zu dem gefärbten Essig einige Spritzer Spülmittel gibst.

Schon gewusst?

In den letzten 10.000 Jahren waren mehr als 1400 Vulkane auf der Erde aktiv. Jedes Jahr gibt es etwa 50 bis 60 Vulkanausbrüche weltweit. Einige Vulkane, wie der Stromboli in Italien, sind sogar ständig aktiv. Sie speien mehrmals täglich Lava aus und das über viele Jahre hinweg. Neben den aktiven gibt es noch die inaktiven oder „schlafenden" Vulkane. Ein Vulkan wird als inaktiv bezeichnet, wenn er mehr als 10.000 Jahre nicht mehr ausgebrochen ist. Auch in Deutschland gibt es einige Vulkane. Man findet sie im Taunus, im Rheinischen Schiefergebirge, im Odenwald, in der Eifel, dem Spessart, dem Siebengebirge, dem Schwarzwald, dem Kaiserstuhl und dem Vogelsberg. Vor mehr als 10.000 Jahren waren die Vulkane in diesen Gebieten sehr aktiv. Der letzte große Ausbruch war der des Laacher See-Vulkans in der Eifel. Das geschah vor 11.200 Jahren. Ob dieser Vulkan noch einmal ausbrechen wird, ist nicht bekannt. Manchmal gibt es jedoch in dieser Region leichte Erdbeben, die auf eine unterirdische Aktivität hindeuten. Demnach könnte der Vulkan in der Eifel durchaus noch einmal aktiv werden.

Das brauchst du

- frische Eier
- ältere Eier
- durchsichtiges Litermaß

Faul

Wenn du einmal an einem faulen Ei geschnuppert hast, wirst du diesen Geruch bestimmt nicht so schnell wieder vergessen. Es stinkt zum Himmel und von da aus sogar wieder zurück. Furchtbar! Auf den Verpackungen der Eier stehen natürlich die Haltbarkeitsdaten drauf, aber manchmal mogelt sich so ein altes Hühnergelege dazwischen. Mit einem kleinen Trick kannst du aber so ein faules Ei sofort erkennen, bevor du es aufschlägst.

Mache dazu diesen Versuch

1. Fülle dein Litermaß gut zur Hälfte mit Wasser.
2. Lege das erste Ei nun vorsichtig ins Wasser.

3. Nun beobachte, wie sich dein Ei im Wasser verhält. Liegt es waagerecht auf dem Boden des Litermaßes? Liegt es schräg im Wasser und streckt den Popo in die Höhe? Steht es gerade auf dem Boden? Oder schwimmt es sogar an der Wasseroberfläche? Tja, warum nur verhalten sich die Eier so unterschiedlich? Hast du eine Erklärung?

Ist das Ei frisch, liegt es waagerecht auf dem Boden. Wenn das Ei schräg im Wasser steht, ist es schon etwas älter. Steht das Ei sogar gerade auf dem Boden, dann ist es älter als 30 Tage. Falls das Ei schwimmt, schmeiß es ganz schnell weg, dann ist es innen faul!

Das steckt dahinter !

Je höher das Ei schwimmt, desto älter ist es. Dies kommt daher, dass in der Eierschale viele kleine Poren sind, wie in deiner Haut auch. Durch diese Poren dringt ständig Luft in das Ei ein. Je mehr Luft also durch die Schale schon eingedrungen ist, desto älter ist das Ei. Durch die Luft bekommt das Ei Auftrieb, als ob es Schwimmflügel anhätte. Je mehr Luft in dem Ei steckt, umso höher schwimmt es in dem Litermaß. Ein ganz einfacher Test also, um das Alter des Eis zu erkennen.

Das brauchst du

- 1 weißes Blatt
- Papier
- 1 Seite einer Zeitung
- 1 Pipette
- 1 kleines Schälchen Öl

Fettfleck

Fettflecken sind oft ärgerlich. Fettige Finger bekommst du zum Beispiel, wenn du ein Brathähnchen isst. Fasst du danach deine Kleidung an, gibt es hässliche Flecken. Doch es gibt ein Gegenmittel: Beträufelst du den Fleck mit etwas Spülmittel, wird er gelöst. Auch wenn du Papier mit fettigen Fingern berührst, gibt es einen Fettfleck. Doch durch diesen kannst du hindurchsehen.

Mache dazu diesen Versuch

1. Fülle etwas Öl in ein kleines Schälchen.
2. Ziehe mit der Pipette etwas Öl auf.
3. Tropfe damit ein paar Tropfen Öl auf ein weißes Blatt Papier.

4. Lass das Öl ein wenig einziehen.
5. Lege das weiße Papier mit dem Fettfleck auf eine Seite einer Tageszeitung.

Was passiert?

Das weiße Papier ist dort, wo der Fettfleck ist, durchsichtig geworden. Durch den Fettfleck hindurch kannst du die Schrift der Tageszeitung lesen.

Das steckt dahinter

Papier besteht aus vielen dünnen Papierfasern. Zwischen den Papierfasern befindet sich Luft. Das Licht, das auf ein Blatt Papier fällt, wird von der Luft im Papier gestreut. Deshalb ist weißes Papier undurchsichtig. Durch das Öl beziehungsweise das Fett wird die Luft zwischen den Papierfasern verdrängt. Jetzt kann das Licht durch das weiße Papier hindurchtreten, wodurch dieses durchsichtig wird. Licht wird, immer wenn es auf einen Gegenstand trifft, von diesem reflektiert oder gebrochen. Wie stark es von seiner ursprünglichen Richtung abgelenkt wird, hängt von dem Material ab. Zur Kennzeichnung der Lichtdurchlässigkeit gibt es den Brechungsindex oder die Brechzahl. Papierfasern haben eine Brechzahl von etwa 1,6. Die der Luft liegt bei etwa 1 und die von Fett bei etwa 1,3. Da der Unterschied zwischen Luft und Papier 0,6 und der zwischen Fett und Papier nur 0,3 beträgt, wird das Licht beim Durchtritt durch den Fettfleck weniger stark abgelenkt. Deshalb erscheint das Papier durchsichtig.

Fluoreszenz

Bestimmt kennst du Gegenstände, die von selbst leuchten. Dazu zählen zum Beispiel Textmarker in Neonfarben auf dem Papier. Besonders schön leuchten sie, wenn du die Textmarkerlinien unter einer Schwarzlicht-Lampe betrachtest. Auch Eiweiß und durch Waschmittel strahlend weiß gewaschene T-Shirts leuchten im Schwarzlicht. Selbst in Lebensmitteln sind solche Farbstoffe enthalten. Versuche es einmal mit Vanillepuddingpulver selbst.

Das brauchst du

- 1 Päckchen Vanillepudding mit dem Farbstoff Riboflavin
- 1 Messbecher
- 200 Milliliter Wasser
- 1 hohes Wasserglas
- 1 Kaffeefilter
- 2 Kaffeefilterpapiere
- 1 Schneebesen
- 1 Teelöffel
- 1 Schwarzlicht-Birne (75 Watt)
- 1 Schreibtischlampe

Mache dazu diesen Versuch

1. Miss mit dem Messbecher 200 Milliliter Wasser ab.
2. Gib zwei Teelöffel Puddingpulver in das Wasser und rühre kräftig mit dem Schneebesen um.

3. Setze die zwei Kaffeefilterpapiere in den Kaffeefilter und den Filter auf ein leeres hohes Wasserglas.

4. Gieße das mit Wasser angerührte Puddingpulver durch den Filter.

Fluoreszenz

5. Tausche die Glühbirne der Schreibtischlampe durch die Schwarzlicht-Birne aus.
6. Verdunkle das Zimmer.
7. Betrachte nun die filtrierte wässrige Puddinglösung im Schwarzlicht.

Nach dem Filtrieren erhältst du eine klare, gelbliche Lösung. Im Filterpapier bleibt ein gelber Feststoff zurück. Unter dem Schwarzlicht leuchtet die abfiltrierte Flüssigkeit neongelb.

Das steckt dahinter

Das, was im Vanillepudding im Schwarzlicht leuchtet, ist der Farbstoff Riboflavin. Bei Riboflavin handelt es sich um das wasserlösliche Vitamin B2. Dieses Vitamin kommt unter anderem auch in Milch und anderen Milchprodukten sowie in vielen Gemüsesorten oder Vollkornprodukten vor. Im Vanillepudding setzt man es wegen seiner intensiven gelben Farbe als Farbstoff ein. Hier nennt man den Lebensmittelfarbstoff E 101.

Schon gewusst?

Schwarzlicht ist eine andere Bezeichnung für ultraviolette Strahlung, kurz UV-Strahlung. Beim ultravioletten Licht unterscheidet man drei Bereiche: UV-A, UV-B und UV-C. UV-A nennt man auch Schwarzlicht. Ultraviolette Strahlen sind für uns Menschen nicht sichtbar. Es handelt sich um kurzwellige Strahlung, die auch im Sonnenlicht enthalten ist. Schwarzlicht wird beispielsweise in Diskotheken zur Beleuchtung benutzt. Die von Jahrmärkten bekannten Knicklichter fluoreszieren infolge einer chemischen Reaktion. Selbst einige Fische fluoreszieren in den Tiefen des Meeres. Und auch einige Mineralien leuchten unter UV-Bestrahlung. Das ist ein sehr schöner Anblick! Zu ihnen gehört das Fluorit, das auch unter dem Namen Flussspat bekannt ist. Von diesem Mineral leitet sich auch die Bezeichnung Fluoreszenz ab. Die Fluoreszenz kommt im Alltag zum Beispiel beim Prüfen von Geld zum Einsatz. Denn immer wieder versuchen Betrüger Falschgeld in Umlauf zu bringen. Um diese sogenannten Blüten von echten Geldscheinen unterscheiden zu können, gibt es mehrere Echtheitsmerkmale. Eine Möglichkeit ist, den Geldschein unter eine UV-Lampe zu halten. Betrachtet man die Vorderseite einer Euronote in ihrem bläulichen Licht, so fluoresziert die Europaflagge in zwei unterschiedlichen Farben. Die Kassiererin beziehungsweise der Kassierer im Supermarkt oder an der Tankstelle benutzt daher UV-Lampen, um 50- oder 100-Euro-Scheine zu prüfen.

Formgedächtnis

Ein Gummiband schnellt immer wieder in seine ursprüngliche Form zurück. Spannst du es mit den Händen weit auseinander und lässt es dann los, zieht es sich umgehend wieder zusammen. Auch einige Kunststoffe können sich – auch wenn sie verändert wurden – an ihre ursprüngliche Form erinnern. Das glaubst du nicht? Dann frag doch einmal einen Joghurtbecher, wie er früher aussah.

Das brauchst du

- 1 Backofen
- 1 Backblech
- Backpapier
- 1 leeren, sauberen Joghurtbecher aus dem Kunststoff Polystyrol (Auf dem Becher muss in einem Dreieck aus drei Pfeilen „PS" oder „06" aufgedruckt sein.)

Mache dazu diesen Versuch

1. Spüle den Joghurtbecher zuerst gut aus und entferne das Etikett, denn er muss für das Experiment ganz sauber sein.

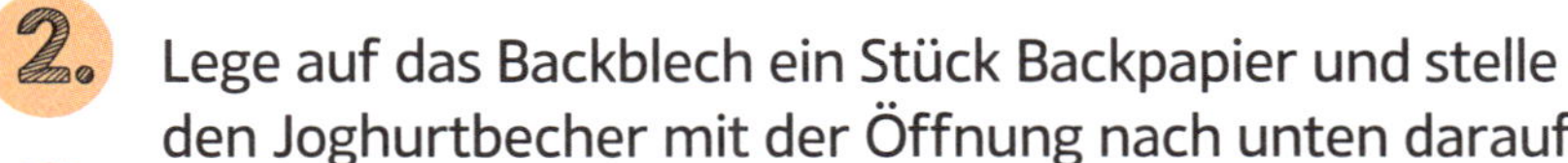

2. Lege auf das Backblech ein Stück Backpapier und stelle den Joghurtbecher mit der Öffnung nach unten darauf.
3. Schiebe nun das Backblech auf der untersten Schiene in den Ofen.
4. Stelle den Backofen auf Umluft oder Oberhitze ein. Die Temperatur sollte 120 Grad Celsius betragen.
5. Beobachte, was mit dem Joghurtbecher geschieht, wenn er sich erhitzt.
6. Nimm den verformten Plastikbecher erst dann aus dem Backofen, wenn er vollständig abgekühlt ist. Lass dir dabei auf jeden Fall von einem Erwachsenen helfen.

Formgedächtnis

Nach etwa zehn Minuten beginnt sich der Plastikbecher zu verformen. Sobald eine entsprechende Temperatur erreicht ist, geht das recht schnell. Zunächst schrumpft der Becher. Am Ende ist er zu einer flachen Scheibe geworden, die sich eventuell auch noch aufrollt. Übrigens entwickelt sich bei diesen Plastikbechern kein starker unangenehmer Geruch, da Plastik bei diesen Temperaturen nicht verbrennt.

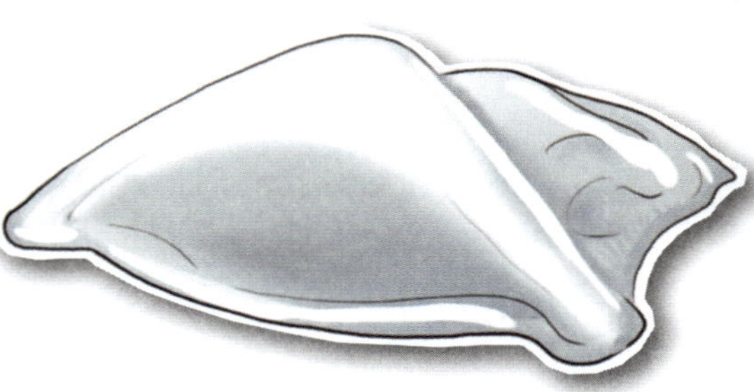

Achtung!

Wenn Polystyrol verbrennt, rußt es stark, verbreitet aber keinen intensiven Geruch. Trotzdem solltest du die Gase, die dabei entstehen, niemals einatmen, weil sie möglicherweise gesundheitsschädlich sind.

Das steckt dahinter !

Polystyrol gehört zu den sogenannten Thermoplasten. Das sind Kunststoffe, die sich bei einer bestimmten Temperatur leicht verformen lassen. Dieser Vorgang ist jedoch auch umkehrbar. Das heißt, dass man solche Kunststoffe nach dem Abkühlen wieder erwärmen kann, wodurch sie ihre ursprüngliche Form wieder annehmen. Das Material, aus dem der Joghurtbecher geformt wurde, war ursprünglich eine Plastikfolie. Aus ihr wurde in der Fabrik eine Scheibe ausgestanzt, auf 120 Grad Celsius erhitzt und in eine Becherform gedrückt.

Schon gewusst?

Polystyrol wurde übrigens schon im ersten Drittel des 19. Jahrhunderts erforscht. Doch erst seit dem 20. Jahrhundert wird es industriell eingesetzt. Da es einer der am meisten verwendeten Kunststoffe der Welt ist, stellt man heutzutage nicht nur Joghurtbecher daraus her, sondern fertigt auch andere Verpackungsmaterialien, Schaumstoffe, Haushaltsgeräte, Spielzeug und Materialien für den Modellbau an. Polystyrol ist deshalb so beliebt, weil es sehr vielseitig und strapazierfähig ist. Gegen zu große Hitze ist es allerdings nicht sehr beständig, wie es auch dein Experiment mit dem Joghurtbecher gezeigt hat.

Das brauchst du

- Mehl
- Salz
- Wasser
- einige Muscheln und Schneckenhäuser
- 1 Löffel
- 1 kastenförmige Backform
- 1 Schneebesen
- Butter
- 1 Lupe

Fossilien

Fossilien sind versteinerte Reste von früheren Lebewesen (Pflanzen und Tieren) oder deren Lebensspuren. Man unterscheidet verschiedene Arten. Je nachdem, wie sie entstanden, unterteilt man sie in Körperfossilien und deren Abdrücke, Steinkerne und Spurenfossilien. Oft ist der eigentliche Körper eines Tieres nicht mehr vorhanden. Dafür findet man manchmal einen Abdruck der äußeren Form, wie beispielsweise Schalenabdrücke von Muscheln oder Schneckenhäusern.

Mache dazu diesen Versuch

1. Fette die Backform mit Butter ein.
2. Rühre in der Backform einen Salzteig an. Nimm dazu sechs Esslöffel Mehl, drei Esslöffel Salz und 125 Milliliter Wasser. Mit dem Schneebesen wird der Teig schön glatt.

3. Schmiere die Außenseite der Muscheln und Schneckenhäuser gut mit Butter ein, damit sie sich später wieder ablösen lassen, und drücke sie etwas in den Teig hinein.

Fossilien

4. Lass den Teig trocknen. Wenn es schneller gehen soll, kannst du ihn auch für circa 30 Minuten in den Backofen bei 120 Grad Celsius stellen. Lass dir dabei von einem Erwachsenen helfen.

5. Nimm vorsichtig die Muscheln und Schneckenhäuser aus dem festen Teig und betrachte mit der Lupe die Abdrücke.

Während der Teig fest wird, prägen sich die feinen Strukturen der Muschel- und Schneckenhausoberflächen in den Teig ein. Wenn alles fest geworden ist, kannst du die Schalenabdrücke deiner Fossilien betrachten.

Das steckt dahinter

Wenn Pflanzen oder Tiere sterben, liegen sie meist erst einmal auf dem Boden herum. Ist der Boden weich, kann ein Abdruck ihrer äußeren Formerhalten bleiben – ebenso wie in unserem Salzteig die Abdrücke der Muscheln und Schneckenhäuser zu sehen sind. Du hast damit einen Negativabdruck der Muscheln und Schneckenhäuser angefertigt.

Schon gewusst?

Ein sehr bekannter Gesteinsabdruck ist der des Archaeopteryx. Er zählt zu den Urvögeln. Von ihm gibt es sogar den Abdruck einer seiner Federn. So einen Abdruck im Gestein kann man auch wieder ausgießen, um einen Positivabdruck zu erhalten. In anderen Fällen wiederum werden die organischen Teile zersetzt. Die Hartteile wie Schalen, Zähne und Knochen können jedoch unter bestimmten Bedingungen erhalten bleiben. So können diese Körperteile, manchmal sogar Weichteile, durch andere Stoffe ersetzt werden. Die Form der Körperteile bleibt dann bestehen, so wie bei den Schalen vieler Ammoniten. Werden die Hohlräume eines Lebewesens, wie zum Beispiel das Gehäuse einer Schnecke, mit feinem Gesteinsmaterial gefüllt, kommt es vor, dass das eigentliche Gehäuse sich mit der Zeit auflöst. Das Innere des Gehäuses bleibt dann als Steinkern übrig. Darüber hinaus gibt es noch zahlreiche Spurenfossilien. Das sind Hinweise auf ein Lebewesen wie Fußabdrücke, Grabspuren in der Erde und Kot sowie Nester oder Eier, welche die Zeit überdauert haben.

Das brauchst du

- 1 Rolle Frischhaltefolie
- 1 Glasschüssel
- 1 Plastikschüssel

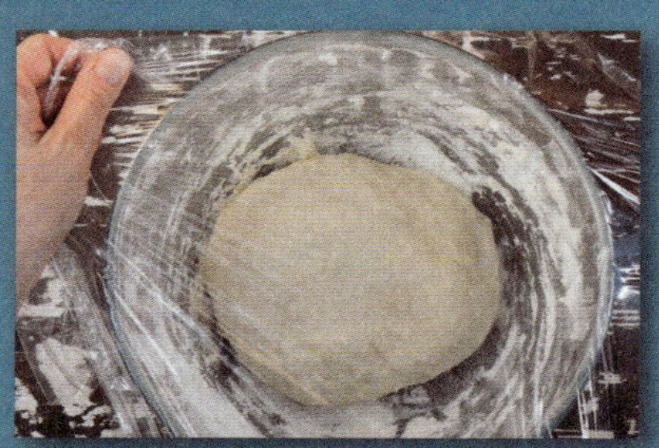

Frischhaltefolie

Frischhaltefolie ist ja ganz nützlich, doch sie haftet ständig an sich selbst. Es ist gar nicht so einfach, ein Stück Frischhaltefolie von der Rolle zu reißen und glatt über eine Schüssel zu streifen. Und sie hält auch nicht an allen Materialien gleich gut.

Mache dazu diesen Versuch

1. Reiße ein Stück Frischhaltefolie von der Rolle und stülpe es über die Glasschüssel.

2. Reiße nun ein zweites Stück Frischhaltefolie von der Rolle und stülpe es über die Plastikschüssel.

Was passiert?

Die Frischhaltefolie klebt an der Glasschüssel fest. An der Plastikschüssel lässt sie sich nicht so gut befestigen. Dort rutscht sie immer wieder ab.

Das steckt dahinter

Frischhaltefolie ist sehr dünn und ihre Oberfläche ganz besonders glatt. Je glatter die Folie an der Oberfläche ist, desto besser kann sie sich an einen anderen Gegenstand, wie den Rand einer Schüssel, anschmiegen. Am besten kann die Folie an Gegenständen haften, die ebenfalls eine sehr glatte Oberfläche haben. So wie eine Glasschüssel. Plastikschüsseln oder manche Tonschüsseln besitzen dagegen meist eine raue Oberfläche. Hier kann sich die Folie einfach nicht gut festhalten. Die Haftkraft der Frischhaltefolie beruht auf der Kraft der Adhäsion. Der Begriff Adhäsion leitet sich aus dem Lateinischen ab und bedeutet „anhaften". Die Kraft ergibt sich aus der Anziehungskraft der Teilchen, aus denen die Folie und die Schüssel bestehen. Diese Kräfte sind eigentlich sehr schwach. Doch die große Anzahl der hier auftretenden schwachen Anziehungskräfte ergibt zusammen genommen eine so große Kraft, dass ein Anhaften ermöglicht wird. Die Kraft der Adhäsion kannst du testen, indem du zwischen zwei Spiegel oder kleine Glasscheiben, zum Beispiel Objektträger, einige Tropfen Wasser gibst. Die Scheiben haften fest aneinander.

Gemüsehammer

Das brauchst du

- 1 Zucchini
- Gefrierfach
- 1 Holzbrett
- 1 Nagel
- 1 Paar Sicherheits-handschuhe

Nicht immer hat man das richtige Werkzeug zur Hand. Vergessen, verlegt, kaputt oder zu teuer … In solchen Lebenslagen muss man improvisieren, das heißt, einen anderen Gegenstand zweckentfremden und zur Lösung einer bestimmten Aufgabe umfunktionieren. In diesem Fall suchen wir nach einem Ersatz für einen Hammer. Normalerweise ist ein Hammer ein harter und schwerer Gegenstand. Glaubst du, dass man mit Gemüse, zum Beispiel einer Zucchini, einen Nagel in ein Brett schlagen kann?

Mache dazu diesen Versuch

1. Besorge dir eine frische Zucchini.

2. Lege die Zucchini über Nacht ins Gefrierfach.

3. Hole die gefrorene Zucchini aus dem Gefrierfach.
4. Ziehe dir die Sicherheitshandschuhe an.
5. Nimm die Zucchini fest in eine Hand und halte den Nagel mit der anderen Hand auf dem Brett fest. Nun schlage zu.

Was passiert?

Die Zucchini ist so hart, dass du mit ihr den Nagel in das Holzbrett schlagen kannst.

Das steckt dahinter

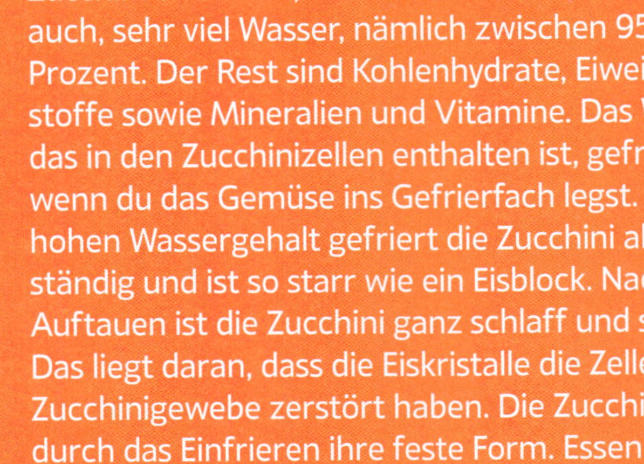

Die Zucchinipflanze zählt zu den Gemüsekürbissen. Zucchini enthalten, wie viele andere Gemüsesorten auch, sehr viel Wasser, nämlich zwischen 95 und 98 Prozent. Der Rest sind Kohlenhydrate, Eiweiße, Ballaststoffe sowie Mineralien und Vitamine. Das Wasser, das in den Zucchinizellen enthalten ist, gefriert zu Eis, wenn du das Gemüse ins Gefrierfach legst. Durch den hohen Wassergehalt gefriert die Zucchini also vollständig und ist so starr wie ein Eisblock. Nach dem Auftauen ist die Zucchini ganz schlaff und sehr weich. Das liegt daran, dass die Eiskristalle die Zellen im Zucchinigewebe zerstört haben. Die Zucchini verliert durch das Einfrieren ihre feste Form. Essen solltest du sie nach dem Versuch nicht mehr.

Das brauchst du

- 8 Weingläser
- 1 Messbecher
- Wasser

Glasmusik

Bestimmt hörst du gerne Musik. Vielleicht kannst du sogar ein Instrument spielen? Aber hast du schon einmal Musik auf Gläsern gemacht? Aus Weingläsern kann man nicht nur Wein trinken, vor allem kannst du sie dazu benutzen deine eigene Tonleiter zum Klingen zu bringen! Die Tonleiter hat acht Töne: C, D, E, F, G, A, H und C. Für jeden Ton nimmst du ein Glas.

Mache dazu diesen Versuch

1. Bitte deine Eltern, dir für dieses Experimente alte Weingläser zur Verfügung zu stellen. Fülle nun eines der Weingläser halb mit Wasser. Die anderen sieben Wassergläser befüllst du nun in unterschiedlichen Höhen – ein paar mit mehr, ein paar mit weniger Wasser.
2. Tauche deinen Zeigefinger in ein Weinglas und befeuchte die Fingerspitze mit dem Wasser.

3. Halt das Glas nun ganz unten fest. Berühre anschließend mit dem Finger den Rand des Weinglases und beginne langsam auf dem Rand entlangzufahren. Na, schon was zu hören? Probier es anschließend auch mit den anderen Gläsern. Kannst du den Unterschied feststellen?

Indem das Glas zu schwingen beginnt, erzeugt es einen Ton. Die Höhe des Tones, also sein Klang, hängt von der Wassermenge im Glas ab. Aber auch die Größe der Gläser kann den Ton verändern. Wenn es nicht direkt klappt, gib nicht auf! Versuche es noch einmal! Manchmal dauert es eine Weile, bis man den richtigen Dreh heraushat.

Tonleiter spielen

Du kannst nun auf jedem Glas einen anderen Ton erzeugen. Wenn du die Gläser so nebeneinanderstellst, dass die Wasserbefüllung immer ein wenig zunimmt, hast du eine Tonleiter. Vielleicht schaffst du es ja, ein Lied auf deinem Wasserinstrument zu spielen?

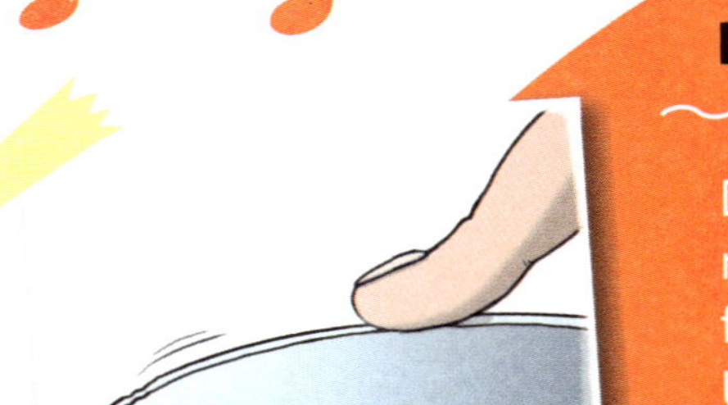

Das steckt dahinter

Der Ton entsteht dadurch, dass du mit deinem Finger über den Glasrand fährst. In dem Glasrand sind ganz kleine Unebenheiten und wenn du die mit dem Finger beim Kreisen berührst, wird das Glas zum Schwingen angeregt und es entsteht ein Ton.

Das brauchst du

- 1 Würfel Frischhefe
- Wasser
- 10 Esslöffel Mehl
- 6 Teelöffel Zucker
- 2 Schüsseln
- 2 Wassergläser
- 1 Esslöffel
- 1 Teelöffel
- 1 Haushaltswaage
- 1 Messbecher

Hefe

Bestimmt hast du schon einmal beim Brot- oder Kuchenbacken in der Küche geholfen. Die Hefe sorgt dafür, dass der Teig (auf)geht. Er wird locker und fluffig und bläht sich gewaltig auf. Doch was genau macht die Hefe im Teig?

Mache dazu diesen Versuch

1. Wiege zehn Gramm Frischhefe auf der Haushaltswaage ab.
2. Miss mit dem Messbecher 120 Milliliter warmes Leitungswasser ab und löse die Hefe darin auf.
3. Stelle die beiden Schüsseln nebeneinander und gib in jede fünf Esslöffel Mehl und drei Teelöffel Zucker.

4. Gib in eine der beiden Schüsseln 50 Milliliter des Hefewassers.

5. In die andere Schüssel gibst du 50 Milliliter normales, aber warmes Leitungswasser.

6. Rühre beide Teigmischungen gut um, bis du einen zähen, klebrigen Teig hast.

7. Fülle nun die beiden Wassergläser mit lauwarmem Leitungswasser.

8. Füge in das eine Wasserglas einen Klumpen des Hefeteigs und in das andere einen Klumpen des Teigs ohne Hefe. Was beobachtest du?

Wirf die Teigklumpen nach dem Versuch weg.

Hefe

Nach einigen Minuten steigt der Hefeteigklumpen im Wasserglas nach oben an die Wasseroberfläche. Der Teigklumpen ohne Hefe bleibt am Boden des Glases liegen.

Das steckt dahinter

Bei der Hefe handelt es sich um mikroskopisch kleine Lebewesen. Es sind Pilze. Diese Pilze ernähren sich vom Zucker im Teig. Dabei scheiden sie das Gas Kohlenstoffdioxid aus. Man könnte fast sagen, dass die Pilze in den Teig „pupsen". Das Gas braucht viel Platz und deshalb bilden sich Gasblasen im Teig. Das lässt ihn locker und leicht werden, sodass der Hefeteigklumpen im Wasser nach einiger Zeit nach oben steigt. Diese Reaktion läuft ohne Sauerstoff ab. Deshalb nennt man den Prozess Gärung. Dass hier tatsächlich ein Gas produziert wird, kannst du überprüfen, indem du in einem Glas warmes Wasser mit Zucker und Hefe mischst. Lass es eine Zeit lang stehen. Dann bildet sich an der Oberfläche ein Schaum aus kleinen Gasbläschen, dem Kohlenstoffdioxid.

Kartoffelstäbchen

Kartoffeln sind in vielen Teilen der Erde eines der Grundnahrungsmittel. Genießen kannst du sie in vielen Variationen, zum Beispiel als Pommes frites, Salzkartoffeln, Bratkartoffeln, Backkartoffeln, Kartoffelpüree, Kartoffelpuffer, Reibeplätzchen und Kartoffelchips. Die Kartoffel ist eine Gemüsesorte. Sie enthält viele Kohlenhydrate, Vitamine und Eiweiß und besteht zu über 75 Prozent aus Wasser. Salz macht die Kartoffel weich und ein Stück kürzer.

Das brauchst du

- 1 Kartoffel
- 1 Schälmesser
- 2 flache Glasschälchen
- 1 Teelöffel
- 1 Lineal
- Salz
- Wasser
- Stift und Papier

Mache dazu diesen Versuch

1. Schäle die Kartoffel und schneide zwei gleich dicke und gleich lange Stäbchen aus.

Kartoffelstäbchen

2. Miss die Länge der Kartoffelstäbchen mit dem Lineal und notiere dir den Wert.

3. Fülle die beiden Glasschälchen mit Wasser.
4. Löse in einem der Wasserschälchen einen Teelöffel Salz auf.
5. Lege in jedes Glasschälchen ein Kartoffelstäbchen.
6. Warte drei bis vier Stunden und vergleiche die beiden Kartoffelstäbchen. Miss ihre Längen.

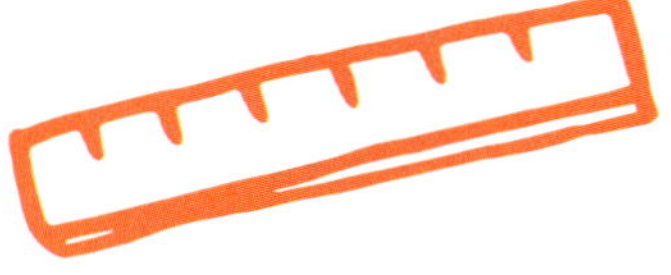

Was passiert?

Das Kartoffelstäbchen, das im Salzwasser lag, ist weich und wabbelig geworden. Das andere Stäbchen ist weiterhin hart. Beim Längenvergleich wirst du feststellen, dass das Kartoffelstäbchen, das im Salzwasser lag, um einige Millimeter geschrumpft ist.

Das steckt dahinter

Die Kartoffel enthält in ihren Zellen viel Wasser. Wird sie in Salzwasser gelegt, ist die Menge der Salzteilchen im umgebenden Wasser sehr viel größer als in den Kartoffelzellen. Die Zellwände der Kartoffelzellen sind für Wasser durchlässig, nicht jedoch für die Salzteilchen. Die Natur ist immer bestrebt, auf beiden Seiten einer solchen Wand die gleiche Anzahl der im Wasser gelösten Teilchen zu haben. Da die Salzteilchen nicht durch die Zellwand können, müssen die Wasserteilchen zur anderen Seite hindurchschlüpfen. Somit verliert das Kartoffelstäbchen Wasser und fühlt sich anschließend schlaff und gummiartig an. Diesen Vorgang der Teilchenwanderung nennt man Diffusion. Läuft die Wanderung der Teilchen durch eine halbdurchlässige Wand oder Membran, so nennt man den Prozess Osmose.

Kakao

Das brauchst du

- 1 Glas
- 1 Löffel
- Kakaopulver
- kalte Milch
- Mikrowellenherd

Wusstest du, dass Kakaopulver aus den Kakaobohnen des Kakaobaumes gewonnen wird? Obwohl die Kakaopflanze wahrscheinlich aus Südamerika stammt, beginnt die Geschichte des Anbaus in Mittelamerika. Die Azteken kannten die Pflanze schon im 14. Jahrhundert. Bei ihnen galt sie als heilig. Heute wird Kakao hauptsächlich in Afrika angebaut. Die Elfenbeinküste erzeugt und exportiert weltweit am meisten davon. Kakao ist auch der Grundstoff für die Herstellung von Schokolade. Warmer Kakao schmeckt nicht nur gut, sondern zeigt dir auch, wie sich eine kalte Flüssigkeit in einer warmen verhält.

Mache dazu diesen Versuch

1. Fülle das Glas etwa zur Hälfte mit kalter Milch.
2. Erhitze die Milch in der Mikrowelle. Lass dir hierbei von einem Erwachsenen helfen.
3. Gib etwas Kakaopulver in die Milch und rühre gut um.

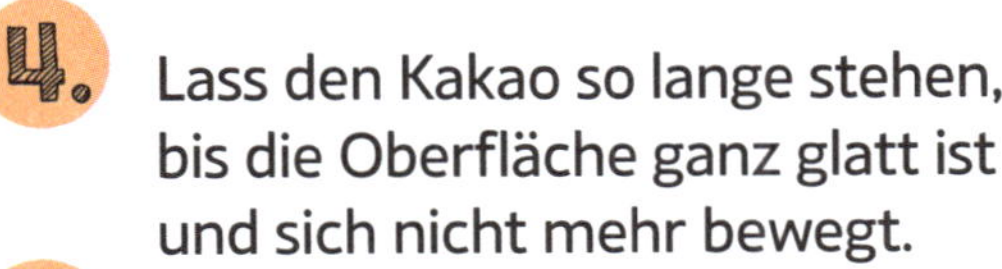

4. Lass den Kakao so lange stehen, bis die Oberfläche ganz glatt ist und sich nicht mehr bewegt.
5. Gieße nun einen Schuss kalter Milch in den heißen Kakao.

Genieße den warmen Kakao nach deinen Beobachtungen.

Was passiert?

An der Kakaooberfläche bilden sich Schlieren, die sich annähernd sternförmig ausbreiten.

Das steckt dahinter

Die kalte Milch vermischt sich nur langsam mit dem heißen Kakao. Es entsteht eine Strömung. Ursache dafür ist der große Temperaturunterschied zwischen dem Kakao und der Milch. Die kalten Milchteilchen verteilen sich langsam im heißen Kakao und die Temperaturen gleichen sich allmählich an. Denn die Natur ist immer bestrebt ein Gleichgewicht zu erreichen. Den Vorgang der Teilchenströmung zum Temperaturausgleich nennt man Konvektion. Der Wärmetransport ist hierbei an die Teilchen geknüpft. Konvektionsströmungen können nicht nur durch Temperaturunterschiede, sondern auch durch die Schwerkraft oder Druck-, Dichte-, und Konzentrationsunterschiede in Flüssigkeiten und Gasen (zum Beispiel Luft) hervorgerufen werden. So spielt die Konvektion auch bei der Wolkenbildung eine maßgebliche Rolle.

Das brauchst du

- 2 Weinkorken
- 2 tiefe Glasschälchen
- Wasser
- Honig

Kontinentaldrift

Nimm einen Atlas zur Hand und schau dir einmal eine Weltkarte ganz genau an. Betrachte die Formen der Kontinente. Fällt dir etwas auf? Besonders wenn du die Umrisse von Afrika und Südamerika miteinander vergleichst, bemerkst du sicherlich schnell, dass Südamerika wie ein Puzzleteil an Afrika passt. Probiere das einmal aus, indem du eine Kopie der Weltkarte machst und die Kontinente ausschneidest. Setze die Landstücke wie ein Puzzle zusammen. Tatsächlich sah so die Welt vor mehr als 150 Millionen Jahren aus. Durch die Kontinentaldrift bewegten sich Teile der Landmassen auseinander und andere Teile stießen wieder zusammen. So entstand die heutige Verteilung von Land und Meer.

Mache dazu diesen Versuch

1. Fülle in ein Schälchen Wasser und in das andere Schälchen Honig.

2. Lege in jedes Schälchen einen Korken.

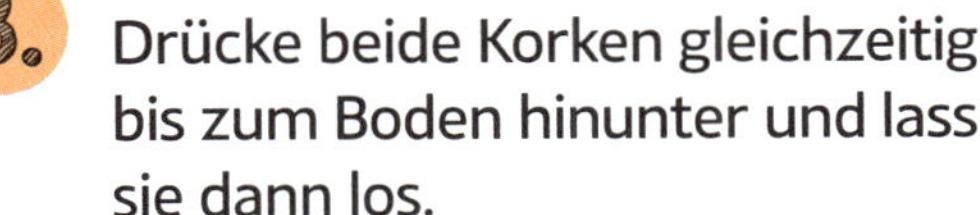

3. Drücke beide Korken gleichzeitig bis zum Boden hinunter und lass sie dann los.

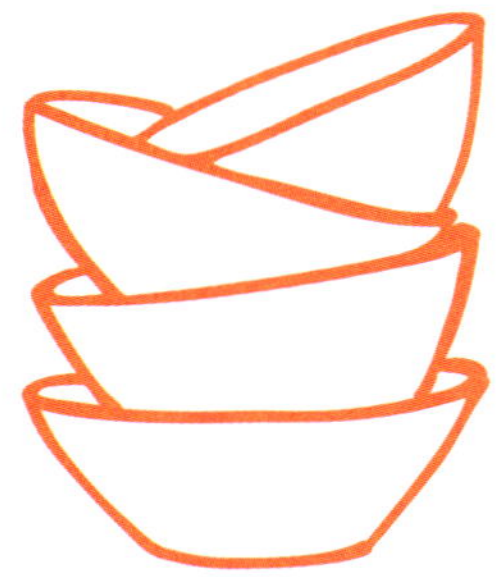

Der Korken im Wasser springt augenblicklich an die Oberfläche zurück. Der Korken im Honig taucht nur langsam wieder auf – fast wie in Zeitlupe.

Kontinentaldrift

Das steckt dahinter !

Gießt man Wasser aus, bildet es eine flache Pfütze. Gießt man jedoch Honig aus, entsteht zunächst ein kleiner Turm, der dann langsam zu einer breiten Lache verläuft. Dies liegt an der unterschiedlichen Viskosität (Zähflüssigkeit) der beiden Flüssigkeiten. Wasser hat eine geringe Viskosität, ist dünnflüssig und fließt daher schnell. Honig hingegen besitzt eine hohe Viskosität; er fließt zähflüssig und ganz langsam. Das liegt daran, dass die Honigteilchen stärker aneinander gebunden und deshalb nicht so beweglich sind wie die Teilchen des Wassers.

Schon gewusst?

Unsere Erde ist aus mehreren Schichten aufgebaut. Im Innern ist der harte Kern. Darum liegt der Erdmantel. Die relativ dünne äußere Schicht, die die Erdoberfläche bildet, nennt man Erdkruste. Die Erdkruste schwimmt auf dem Erdmantel, genauso wie der Korken auf dem Honig. Die Erdkruste ist jedoch keine zusammenhängende Hülle, sondern in mehrere einzelne Stücke zerbrochen. Auf diesen Bruchstücken liegen die Kontinente und Meere. Die Erdkrustenstücke nennt man tektonische Platten. Sie bewegen sich auf der dickflüssigen Mantelschicht langsam aufeinander zu oder voneinander weg. Driften sie auseinander, so entstehen Meere zwischen ihnen, zum Beispiel der Atlantische Ozean zwischen Afrika und Amerika. Schlittern sie aufeinander zu und stoßen zusammen, so entstehen mächtige Gebirge, da eine Platte unter die andere abtaucht. Das Gesteinsmaterial wird dann zusammengedrückt und hinaufgeschoben. So entstand zum Beispiel das Himalajagebirge in Asien. Hier schob und schiebt sich immer noch die Indische Platte unter die Asiatische Erdplatte. Dadurch kommt es an den Plattenrändern häufig zu Erdbeben und Vulkanausbrüchen. Der Erste, der die Theorie der Kontinentalverschiebung aufstellte, war übrigens der deutsche Meteorologe, Polar- und Geowissenschaftler Alfred Wegener (1880–1930).

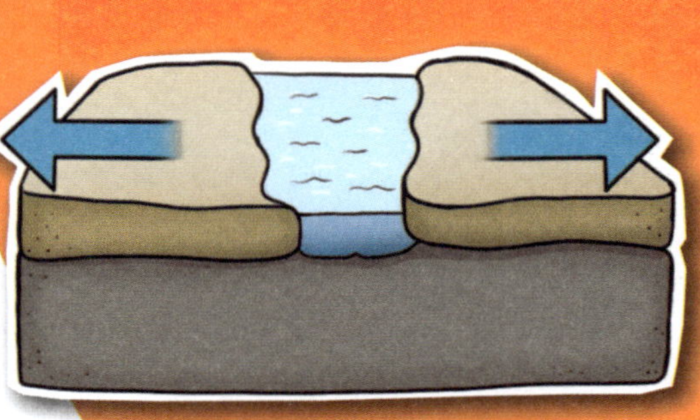

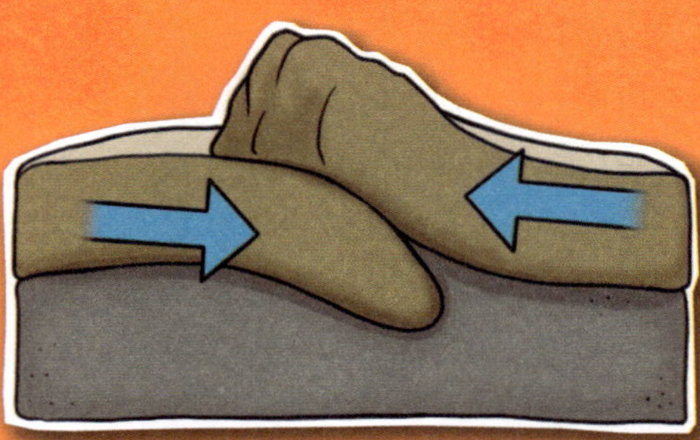

Das brauchst du

- Zucker
- Salz
- Wasser
- 2 Einmachgläser
- 1 Kochlöffel
- Zwirn
- 2 Pappen

Kristalle

Wenn du dir Zucker und Salz ganz genau anschaust, kannst du winzig kleine, glitzernde Teilchen entdecken. Miniaturkristalle. Größere Kristalle kennst du bestimmt auch, beispielsweise den Kandiszucker. Der knistert doch immer so schön, wenn man ihn in eine Tasse heißen Tee wirft. Wusstest du, dass man solche Kristalle auch selbst wachsen lassen kann? Das dauert zwar einige Tage, aber es sieht ganz toll aus!

Mache dazu diesen Versuch

1. Nimm zwei Einmachgläser und fülle sie zur Hälfte mit warmem Wasser.

2. In einem Glas löst du so lange Zucker auf, bis du eine gesättigte Zuckerlösung erhältst. Das geht so: Du nimmst zuerst einen Teelöffel Zucker und wartest ab, bis der sich ganz in dem warmen Wasser aufgelöst hat. Ist der Zucker verschwunden, nimmst du den nächsten Teelöffel mit Zucker und löst ihn auf. Das machst du so lange, bis sich der Zucker nicht mehr auflöst. Dann ist die Lösung gesättigt. Du kannst dir das ganz leicht merken, denn wenn du satt bist und beim besten Willen nichts mehr in dich hineinbekommst, dann bist du auch gesättigt!
3. Nun nimm das andere Einmachglas und stelle eine gesättigte Salzlösung her. Du weißt ja jetzt, wie das geht!
4. Wenn du deine beiden Lösungen fertig hast, knote an den Kochlöffel mit ein wenig Abstand zueinander zwei Zwirnsfäden. Die Fäden müssen so lang sein, dass sie bis zum Boden der Einmachgläser baumeln, wenn du den Kochlöffel quer darüberlegst.
5. Lege den Löffel mit den Fäden nun über die zwei Gläser mit den gesättigten Lösungen und lasse die Fäden in die Gläser hängen.
6. Die zwei Pappen deckst du über die Öffnungen. Je langsamer nämlich das Wasser verdunstet, desto schöner werden deine Kristalle wachsen. Jetzt musst du einige Tage abwarten, bis du das Ergebnis des Experiments sehen kannst.

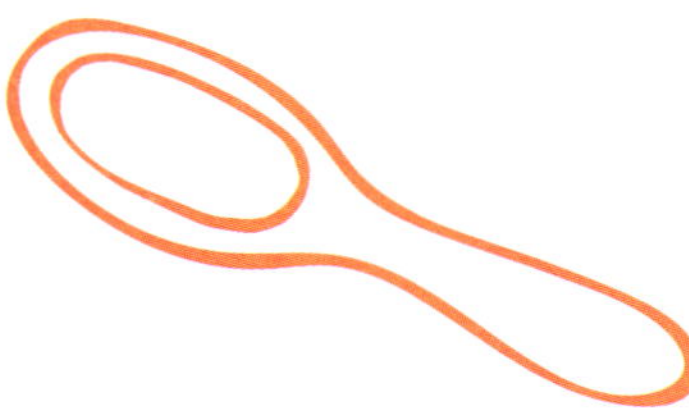

Kristalle

Langsam werden an den Fäden kleine Kristalle wachsen. Sie werden von Tag zu Tag größer. Wenn sie dann etwa 0,5 Zentimeter groß sind, kannst du sie von den Fäden abnehmen. Wenn sich die kleinen Teilchen eines Stoffes beim Verdampfen der Lösungen nebeneinanderlegen und Kristalle ausbilden, nennt man das auch Auskristallisierung.

Kunst mit Kristallen

Du kannst deine selbst gezüchteten Kristalle trocknen lassen und dir damit eine Kristalllandschaft bauen. Vielleicht legst du Kastanien, Zweige und rote Blätter dazu, dann hast du deinen eigenen kleinen Winterkristallwald! Wenn du Lebensmittelfarbe in das Wasser gibst, erhältst du bunte Kristalle.

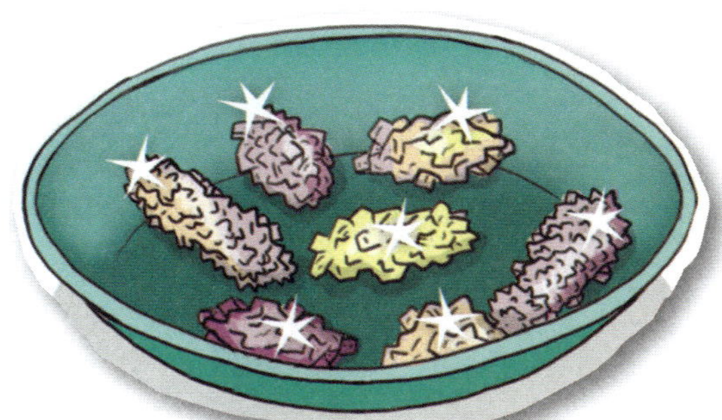

Das steckt dahinter !

Viele Stoffe bilden Kristalle. Man kann anhand der Form der Kristalle sogar feststellen, um welchen Stoff es sich handelt. Vergleiche deine Zucker- und Salzkristalle! Kristalle entstehen, wenn sich die kleinen Teilchen einer Lösung schön der Reihe nach nebeneinanderlegen. Je mehr Zeit diese kleinen Teilchen dafür haben, umso schöner werden die Kristalle. Einige Stoffe bilden würfelförmige Kristalle, andere sehen aus wie Nadeln oder gestapelte Dreiecke. Ganz tief unter der Erdoberfläche haben Kristalle sogar oft Hunderte von Jahren Zeit gehabt zu wachsen und wunderbare Formen entwickelt!

Linsensprengung

Linsensuppe schmeckt ziemlich lecker, vor allem, wenn genügend Würstchen darin sind. Aber wusstest du, dass Linsen hochexplosiv sind? Dass du ganze Felsen mit ihnen wegsprengen kannst? Das harmlos aussehende Mittagessen ist gar nicht so ungefährlich, wie es sich gibt. Aber du brauchst jetzt keine Angst um die Würstchen auf deinem Teller zu haben!

Das brauchst du

- 1 durchsichtigen Plastikbecher, zum Beispiel sauberen Joghurtbecher
- trockene Linsen
- Gipspulver
- Wasser
- 1 Löffel

Mache dazu diesen Versuch

1. Fülle einen Plastikbecher zur Hälfte mit Wasser.
2. Schütte dann so lange Gipspulver in das Wasser, bis sich ein richtiger Gipshaufen auf dem Wasser gebildet hat.
3. Rühre nun vorsichtig mit dem Löffel um, bis ein gleichmäßiger Brei entstanden ist.

4. Nimm eine Hand voll Linsen und rühre sie mit in den Gipsbrei ein. Jetzt musst du ein wenig warten, bis der Gips hart ist. Aber nicht erschrecken, wenn du wieder nach deinen Linsen siehst!

Nach einigen Stunden ist der Becher geplatzt und der harte Gips zersprungen. Die Linsen haben alles gesprengt! Durch das Wasser im Gips beginnen die Linsen sofort zu quellen und zu keimen. Dabei entstehen unvorstellbar große Kräfte. Dadurch wird der Becher samt dem schon gehärteten Gips gesprengt.

Das steckt dahinter !

Sobald die Linsen mit Wasser in Berührung kommen, werden enorme Kräfte freigesetzt. Die Menschen in der Antike haben dies auch schon gewusst und mit Linsen ganze Felsen in kleinere Teile gesprengt. Dazu haben sie einfach in die Felsspalten Linsen gefüllt und mit Wasser übergossen. Nun mussten sie nur noch warten, bis sich die schwere Arbeit von fast allein erledigt hatte.

Das brauchst du

- 1 Glas
- 1 Flummi
- Wasser
- 1 Trinkwassersprudler (Sodabereiter) oder stark kohlensäurehaltiges Mineralwasser

Luftblasenantrieb

Luftblasen in kohlensäurehaltigem Mineralwasser sprudeln nicht nur schön, sie können auch etwas bewegen. Zum Beispiel schwimmt damit ein Flummi im Wasser und dreht sich im Kreis.

Mache dazu diesen Versuch

1. Bereite mit dem Trinkwassersprudler etwas kohlensäurehaltiges Mineralwasser zu.
2. Fülle das Sprudelwasser in ein großes Glas.

3. Lege den Flummi ins Wasser.

Was passiert?

Gasbläschen heften sich am Flummi fest und er dreht sich. Sollte er sich nicht spontan drehen, so gib ihm einen kleinen Anstoß mit dem Finger.

Das steckt dahinter

Die Reibung zwischen dem Flummi und dem Wasser wird durch die Gasbläschen verringert. Sie sind auch die treibende Kraft für die Drehung. An der Flummiunterseite haften immer mehr kleine Bläschen. Sie vereinigen sich und wachsen zu großen Blasen an. Diese treten dann an einer Seite des Flummis an die Oberfläche. Deshalb dreht sich der Ball ständig weiter. Diesen Effekt nutzt man auch in der Schifffahrt. So verfügt die „Futura Carrier“, einer der modernsten Binnenschiffstypen, über Düsen, die Luftbläschen unter den Rumpf des Schiffes blasen. Dadurch schwimmt das Schiff auf einem Luftbläschenteppich und die Reibung im Wasser wird verringert. Je weniger Reibung das Schiff erzeugt, desto weniger Treibstoff benötigt es. Das Prinzip des Schwimmens auf einem Luftblasenteppich nutzen sogar Pinguine. Sie speichern zwischen ihren Federn Luft. Springen sie von einer Eisscholle ins Meerwasser, tritt die Luft in Form eines Blasenschleiers aus dem Gefieder aus. Die vielen kleinen Luftbläschen verringern den Widerstand der Pinguine im Wasser. Daher sind die Vögel, wenn sie sich auf der Flucht ins Wasser retten, besonders schnell.

Das brauchst du

- 1 Glasschälchen
- 1 angelaufenes 5-Cent-Stück
- 1 silberne Büroklammer
- Haushaltsessig (5 %)

Metallmantel

Nicht alles was glänzt, ist Gold. Häufig besteht Schmuck aus einem billigen Metall, das lediglich mit einer dünnen Schicht aus Gold oder Silber überzogen wurde. Man spricht dann von Vergolden, Versilbern oder auch Verkupfern. Beim Verkupfern erhält ein Metall, zum Beispiel Eisen, eine dünne Kupferschicht. Hülle eine glänzende Büroklammer in einen kupfernen Mantel.

Mache dazu diesen Versuch

1. Lege das 5-Cent-Stück und die Büroklammer in das Glasschälchen. Achte darauf, dass sich die Münze und die Büroklammer nicht berühren.

2. Schütte so viel Essig in das Glasschälchen, dass die Münze und die Büroklammer vollständig bedeckt sind.

3. Warte nun einen Tag (24 Stunden) und schau dann nach, was geschehen ist. Schütte den Essig nach dem Versuch in den Ausguss.

Bereits nach kurzer Zeit glänzt die Münze wie neu. Nach 24 Stunden hat die Büroklammer einen rötlichen Überzug.

Das steckt dahinter !

Das 5-Cent-Stück besteht aus Kupfer, die Büroklammer aus Eisen. Kupfer ist edler als Eisen. Der Essig enthält eine Säure, die Essigsäure. Sie greift das Kupfer des 5-Cent-Stücks an und löst Kupferteilchen aus der Münze. Diese befinden sich nun im Essig und wandern zum unedleren Eisen der Büroklammer. Dort lagern sie sich an der Oberfläche ab. Somit erhält die Büroklammer mit der Zeit einen gleichmäßigen, rötlichen Kupfermantel. In der Industrie nutzt man diesen Vorgang, um Gegenstände durch einen solchen Metallüberzug vor Rost zu schützen oder sie schöner aussehen zu lassen. Der Prozess wird durch Elektrizität beschleunigt. So verzinkt man Schrauben oder verchromt Maschinenbauteile, um sie haltbarer zu machen. Bei Schmuck versilbert oder vergoldet man die Oberfläche, um sie wertvoller erscheinen zu lassen. Dieses Verfahren nennt man auch Galvanisieren. Es ist nach dem italienischen Arzt Luigi Galvani benannt, der den Galvanismus 1780 entdeckte.

Mumie

Das brauchst du

- 1 Apfel
- 1 Schälmesser
- 1 Messer
- 1 Untertasse
- 1–2 Päckchen Backpulver

Einige Völker wie die alten Ägypter mumifizierten ihre Toten. Das taten sie vor allem aus religiösen Gründen. Sie konnten sich ein Leben nach dem Tod nur vorstellen, wenn der Körper erhalten blieb und nicht zerfiel. In der Natur wird jedoch normalerweise alles wiederverwertet. Auf einem Komposthaufen gären und zerfallen organische Substanzen gänzlich. Diesen Prozess vollziehen vor allem Bakterien und Pilze. Dabei unterscheidet man zwischen der Verwesung und der Fäulnis. Die Verwesung findet in Anwesenheit von Sauerstoff statt. Fäulnisprozesse laufen ohne Sauerstoff ab. Um diese natürlichen Zerfallsprozesse aufzuhalten, kann man das organische Material zum Beispiel austrocknen.

Mache dazu diesen Versuch

1. Halbiere mit dem Messer einen Apfel.

2. Schäle eine Hälfte, schneide eine kreisförmige Scheibe ab und nimm mit dem Messer das Apfelgehäuse heraus. Lass dir dabei von einem Erwachsenen helfen.

3. Lege den Apfelring auf eine Untertasse.

4. Reibe den Apfelring auf beiden Seiten kräftig mit Backpulver ein.

5. Lass den mit Backpulver bedeckten Apfelring mehrere Tage stehen. Erneuere zwischendurch immer wieder das Backpulver.

Mumie

Nach etwa einer Woche ist der Apfelring ganz hart geworden. Er ist getrocknet. Damit hast du den Apfelring konserviert, also haltbar gemacht. Essen kannst du ihn jedoch so nicht mehr. Dazu müsstest du ihn mittels Wärme trocknen.

Das steckt dahinter!

Im Falle unserer Apfelringe wurde Backpulver als chemisches Trocknungsmittel eingesetzt. Backpulver ist eine Mischung aus Natron (Natriumhydrogencarbonat) und einem Säuerungsmittel. Dabei wird das im Apfel enthaltene Wasser chemisch an das Trocknungsmittel gebunden. Das Wort Natron entstammt übrigens dem Ägyptischen. Hier bedeutete der Konsonantenstamm ntrj „göttlich". Bei der industriellen Trocknung von Lebensmitteln setzt man kein Natron ein, sondern nutzt meist die Verdunstung, Verdampfung oder andere Trocknungsmittel. Zum Trocknen eignen sich besonders Äpfel, Birnen, Pflaumen, Bananen, Pfirsiche, Aprikosen, Datteln, Feigen, Ananas, Kiwis und Erdbeeren. Trockenobst ist reich an Vitaminen und Mineralstoffen. Es wird zum Beispiel auch in Müslriegeln verwendet.

Schon gewusst?

Im alten Ägypten wurden vor allem die Leichname reicher und mächtiger Ägypter mithilfe von Natron mumifiziert. Nach der Entnahme der Organe, die separat in verschlossenen Krügen aufbewahrt wurden, wurde der Körper mehrere Wochen in Natron eingelegt, um ihm die Flüssigkeit zu entziehen. Dann wickelte man ihn in Leinentücher. Die Tücher wurden zuvor zum besseren Luftabschluss in einer Gummilösung getränkt. Bei den bedeutenden Pharaonen wurden nun sogar noch Gipsabdrücke der Gesichter angefertigt. Als Letztes vollzog der Priester an der fertig gestellten Mumie das Ritual der Mundöffnung. Hierbei öffnete er den Mund des Verstorbenen, um ihm das Sprechen und Essen im Jenseits zu ermöglichen. Diese Art der Mumien nennt man übrigens Trockenmumien, da man sie austrocknete. Es gibt auch natürlich entstandene Trockenmumien. Wenn die Verstorbenen im heißen Wüstensand begraben wurden, dann trockneten ihre Körper so schnell aus, dass der Verfall des Leichnams gar nicht richtig beginnen konnte. So überdauerte zum Beispiel der Körper eines Ägypters, der vor mehr als 5000 Jahren starb. Diese natürliche Mumie kann man im Britischen Museum in London besichtigen.

Popcorn

Das brauchst du

- Popcornmais (Puffmais)
- Butter
- Zucker oder Salz
- 1 Bratschlauch
- 1 Esslöffel
- 1 Teelöffel
- 1 Schüssel
- 1 Schere
- 1 Mikrowellenherd

Kino und Popcorn – das gehört einfach zusammen! Für einen spannenden Fernsehnachmittag kannst du dir und deinen Freunden selbst leckeres Popcorn zubereiten.

Mache dazu diesen Versuch

1. Schneide von der Rolle mit dem Bratschlauch ein etwa 40 bis 50 Zentimeter langes Stück ab.
2. Mache in eines der beiden Beutelenden einen Knoten.
3. Fülle in den Beutel einen Esslöffel Popcornmais und einen halben Teelöffel Butter.

4. Binde mit dem Plastikstreifen, der am Bratschlauch haftet, das offene Ende des Schlauchbeutels zu. Dein Beutel ähnelt jetzt ein wenig einem übergroßen Bonbon.

5. Lege den Beutel mit dem Popcornmais in die Mikrowelle und erhitze das Ganze für eine bis eineinhalb Minuten auf höchster Stufe.

6. Öffne die Mikrowellentür und lass das Popcorn etwas abkühlen.

7. Nimm den Beutel dann vorsichtig aus dem Mikrowellenherd, zerschneide ihn mit einer Schere und fülle das Popcorn in eine Schüssel.

8. Je nach Geschmack kannst du jetzt noch Zucker oder Salz über dein Popcorn streuen. Guten Appetit!

Popcorn

Schon nach einigen Sekunden beginnt der Mais in der Mikrowelle zu poppen. Die Maiskörner explodieren mit einem hörbaren Knall. Durch eine durchsichtige Mikrowellentür kannst du das Schauspiel gut beobachten.

Achtung, heiß!

Popcorn wird so heiß, dass man es nicht in normalem Geschirr herstellen sollte, sondern nur in Spezialgeschirr oder speziellen Beuteln, die für sehr hohe Temperaturen geeignet sind.

Das steckt dahinter !

Popcorn ist eigentlich nichts anderes als explodierter Mais. Das funktioniert allerdings nur mit einer speziellen Maissorte, dem Puffmais. Diese Maiskörner haben einen stärkehaltigen Kern, der Flüssigkeit enthält. Innen ist das Korn also weich, außen hat es eine harte Schale. Beim Erhitzen auf etwa 200 Grad Celsius verdampft die Flüssigkeit im Kern und benötigt als Gas mehr Platz. Somit sprengt der Druck das Korn und die aufgeweichte Stärke verwandelt sich in die schaumige weiße Struktur.

Puddinglupe

Wackelpudding ist eine herrliche Sache! Rot, gelb oder grün schaukelt er auf deinem Teller vor sich hin und mit Vanillesoße oder Sahne kann man gar nicht genug davon bekommen. Allerdings kann man den Pudding nicht nur genussvoll im Mund zergehen lassen, sondern ihn auch für wissenschaftliche Experimente benutzen. Also, erst testen, dann essen!

Das brauchst du

- 1 Paket gelben Wackelpudding
- 200 ml Wasser
- 1 Schüssel
- 1 Suppenkelle
- 1 durchsichtigen Teller
- Buch oder Zeitschrift

Mache dazu diesen Versuch

1. Koche nach Packungsanweisung 200 ml Wasser. Vielleicht lässt du dir von einem Erwachsenen bei der Zubereitung helfen? Nimm dann dein Paket Wackelpudding und schütte das Pulver in die Schüssel.

Puddinglupe

2. Das gekochte Wasser muss langsam zum Puddingpulver in die Schüssel gekippt werden. Besser du lässt dir auch dabei helfen, sonst gibt es noch verbrannte Finger. Und wer soll dann den Versuch machen und den Pudding essen?

3. Wenn das Wasser in der Schüssel ist, musst du alles gut verrühren. Es dürfen keine Klümpchen mehr zu sehen sein!

4. Lass die Mischung nun abkühlen. Nach ungefähr einer Stunde, wenn der Pudding ein wenig fest geworden ist, kannst du die Suppenkelle in die Schüssel tauchen.

5. Die gefüllte Suppenkelle legst du nun in den Kühlschrank. Vorsichtig, nicht dass der Kühlschrank hinterher von innen aussieht wie nach einer Puddingexplosion! Einige Stunden später ist dein Wackelpudding richtig schön fest.

6. Jetzt kannst du die Kelle aus dem Kühlschrank holen und auf den durchsichtigen Glasteller stürzen. Halte nun den Teller mit dem Wackelpuddingklumpen über ein aufgeschlagenes Buch oder eine Zeitschrift. Was siehst du?

Was passiert?

Die Buchstaben sind viel größer als vorher! Die eingefangenen Lichtstrahlen breiten sich in dem Pudding aus und vergrößern dadurch alles. Der Wackelpudding wirkt also wie eine Lupe.

Das steckt dahinter

Die Suppenkelle formt den Wackelpudding in eine halbrunde Form. Er sieht aus wie eine Linse. Diese halbrunde Linse sammelt an ihrer Oberfläche Lichtstrahlen. Die Lichtstrahlen fallen durch den Wackelpudding hindurch und verbreitern sich auf ihrem Weg durch den Pudding, sodass unter der Lupe alles größer erscheint.

Riesenblasen

Das brauchst du

- Spülmittel
- ½ Glas Wasser
- 2 Teelöffel Zucker
- Strohhalme
- Schere
- Löffel

Seifenblasen tanzen in der Luft, schillern in Regenbogenfarben und machen einen Riesenspaß. Leider platzen sie sehr schnell und werden auch nicht besonders groß. Wenn der Spaß dann gerade so richtig losgeht, ist die Dose mit dem Seifenblasenwasser meist leer. Glück hat, wer dann weiß, wie man es selbst herstellt und wie man es noch besser als gekauft macht!

Mache dazu diesen Versuch

1. Spritze in ein Glas mit Wasser etwas Spülmittel und rühre es mit dem Löffel gut um.

2. Jetzt kannst du den Strohhalm in das Spülmittelwasser eintauchen und pusten. Es blubbert und schäumt, du hast die ersten selbst gemachten Seifenblasen!

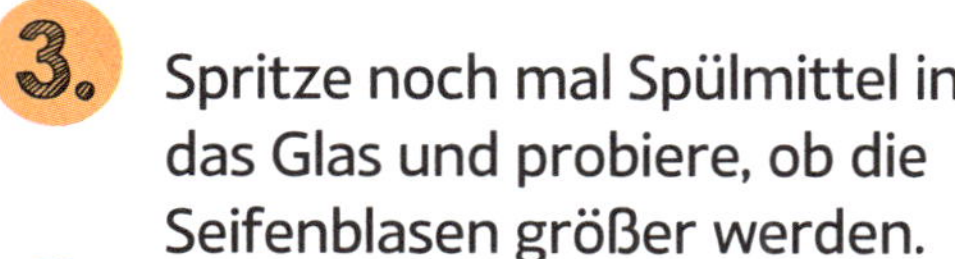

3. Spritze noch mal Spülmittel in das Glas und probiere, ob die Seifenblasen größer werden.

4. Jetzt verquirlst du den Zucker in dem Spülmittelwasser. Puste wieder durch deinen Strohhalm!

Was passiert?

Du hast Riesenblasen. Die Größe und Haltbarkeit der Seifenblasen hängt von der richtigen Mischung aus Wasser, Spülmittel und Zucker ab. Je mehr Zucker du in das Wasser gibst, desto stabiler wird die Haut der Seifenblasen.

Das steckt dahinter

Mit dem Zucker in dem Spülmittelwasser wird die dünne Haut der Seifenblasen stabiler gemacht. Daher platzen sie nicht so schnell und können viel größer werden. Du musst vielleicht ein wenig an der Mischung herumexperimentieren, bis sie richtig gelingt.

Salz und Mehl

Das brauchst du

- Mehl
- Salz
- 1 Esslöffel
- 1 Messbecher
- 1 Glas
- 1 Kaffeefilter
- 1 Kaffeefilterpapier
- 1 flaches Glasschälchen
- Wasser

Wenn Wasser zu Eis gefriert oder zu Dampf wird, ändert es lediglich seine äußere Form und das Volumen. Es bleibt jedoch immer Wasser. Mischst du zwei unterschiedliche Stoffe, können sie sich entweder verbinden und einen neuen Stoff bilden – oder sie bleiben getrennt. Wenn sie sich nicht vereinigen, kannst du sie leicht wieder voneinander trennen. Versuche es einmal mit Mehl und Salz.

Mache dazu diesen Versuch

1. Vermische je einen Esslöffel Mehl und Salz im Messbecher.
2. Gib nun etwas Wasser dazu und vermenge alles gut.

3. Setze den Kaffeefilter auf ein Glas und stecke das Kaffeefilterpapier in den Kaffeefilter.

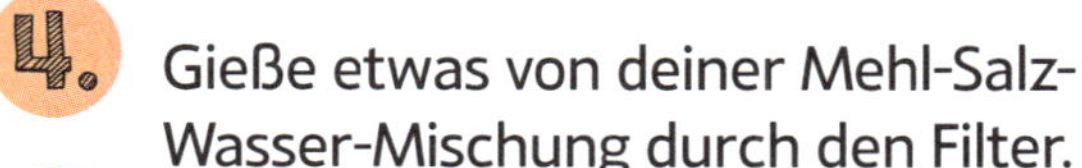

4. Gieße etwas von deiner Mehl-Salz-Wasser-Mischung durch den Filter.

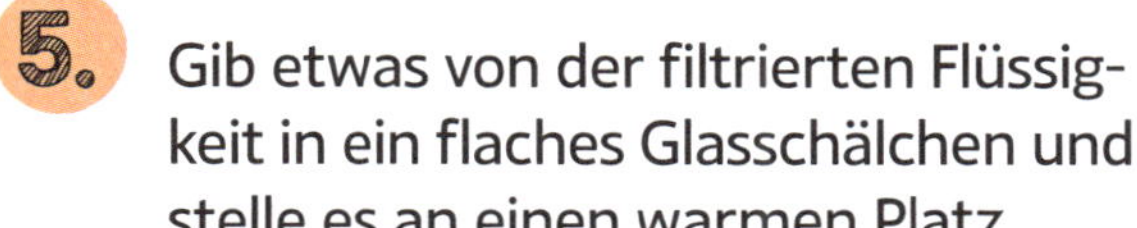

5. Gib etwas von der filtrierten Flüssigkeit in ein flaches Glasschälchen und stelle es an einen warmen Platz.

6. Warte, bis das Wasser verdunstet ist.

Was passiert?

Mischst du Mehl und Salz, so sind beide Stoffe mit bloßem Auge nicht mehr voneinander zu unterscheiden. Mit dem Wasser erhältst du eine weißliche Flüssigkeit. Nach dem Filtrieren bleibt im Filter ein weißer Stoff zurück. Wenn das Wasser aus dem Filtrat verdunstet ist, haben sich in dem Glas Kristalle gebildet.

Das steckt dahinter

Mehl und Salz reagieren nicht miteinander. Um sie wieder zu trennen, nimmst du Wasser zu Hilfe. Das Salz löst sich im Wasser, das Mehl jedoch nicht. Stattdessen schwimmt es fein verteilt darin herum. Deshalb wird das Wasser weißlich. Durch das Filtrieren bleibt das Mehl als Feststoff im Filter zurück. Nach dem Trocknen ist es wie zuvor. Nun muss noch das Salz wieder aus dem Wasser heraus. Dazu lässt du das Wasser einfach verdunsten. Durch die Wärme verdampft das Wasser und das Salz geht wieder in den festen Zustand über. Zurück bleibt eine Salzkristallschicht. Das Filtrieren ist eine gängige Methode, um zwei Stoffe, die sich nicht miteinander verbinden, aus einer flüssigen Lösung zu trennen.

Das brauchst du

- 1 leeres Obst- oder Gemüseglas mit Deckel
- 1 Teelöffel
- Paketschnur
- Sand
- Wasser

Sandring

Hast du dich schon einmal darüber gewundert, warum das Wasser aus dem Salat geschleudert wird, wenn man den Salat in einer Salatschleuder kräftig im Kreis dreht?

Mache dazu diesen Versuch

1. Binde um den Hals des Glases ein Stück Schnur und verknote es.
2. Ein zweites Stück Schnur verknotest du wie einen Henkel an zwei gegenüberliegenden Punkten der ersten Schnur.
3. Fülle das Glas mit Wasser voll und gib einen Teelöffel Sand hinein.

4. Rühre um, damit sich der Sand gleichmäßig im Wasser verteilt.

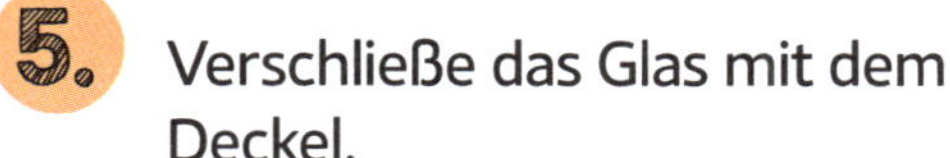

5. Verschließe das Glas mit dem Deckel.

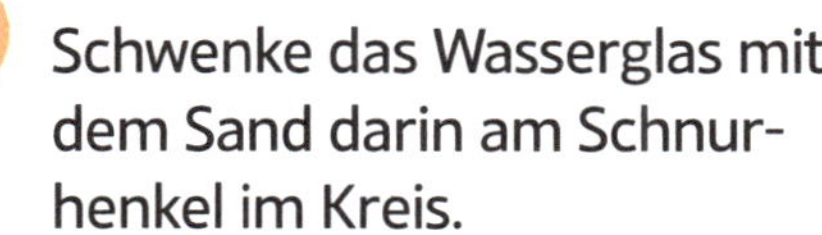

6. Schwenke das Wasserglas mit dem Sand darin am Schnurhenkel im Kreis.

Der Sand sammelt sich in einem Ring unten am Glasboden.

Das steckt dahinter !

Die Waschmaschine, die Salatschleuder und dein Wasserglas unterliegen alle der sogenannten Zentrifugalkraft. Bei der Drehung werden die schwereren Teile nach außen gedrückt. Die Sandkörner sind schwerer als das Wasser. Würdest du das Glas Wasser mit dem Sand eine Zeit ruhig stehen lassen, würde sich der Sand unten auf dem Boden absetzen. Durch die Drehung werden die Sandkörner an den Rand des Glasbodens gedrückt und bilden einen Ring. Das Gleiche passiert mit der Wäsche in der Waschmaschine. Durch die schnelle Drehung der Wäschetrommel werden die Wäschestücke an die Wand gedrückt. Das Wasser entweicht durch die Löcher der Trommel. Und bei der Salatschleuder fliegen die Wassertropfen an die Wand der Schüssel und rinnen dann nach unten. Nach dem gleichen Prinzip gewinnen Imker mit einer Honigschleuder den Honig.

Schichten

Welche Gegenstände im Wasser schwimmen oder hinabsinken, kannst du bestimmt leicht beantworten. Aber wie verhalten sich unterschiedliche Gegenstände in anderen Flüssigkeiten wie Honig oder Öl?

Das brauchst du

- 1 Glas
- Honig
- Wasser
- Speiseöl
- Lebensmittelfarbe
- verschiedene kleine Gegenstände aus unterschiedlichem Material (zum Beispiel 1 kleinen Nagel, 1 Stück Kreide, 1 Haselnuss, 1 kleine Muschel, 1 kleinen Stein oder 1 Streichholz)

Mache dazu diesen Versuch

1. Fülle Honig etwa zwei Zentimeter hoch in das Wasserglas.
2. Mische etwas Lebensmittelfarbe mit dem Wasser.
3. Gieße das gefärbte Wasser vorsichtig auf den Honig, sodass eine zweite Schicht über dem Honig entsteht, die ebenfalls etwa zwei Zentimeter hoch ist.
4. Als dritte Flüssigkeit kommt das Speiseöl oben auf das gefärbte Wasser.

5. Gib nun nacheinander vorsichtig verschiedene Gegenstände aus unterschiedlichen Materialien in das Glas.

Die drei Flüssigkeiten vermischen sich nicht, sondern bilden eine dreifarbige Schichtung im Glas. Wenn du nun nacheinander die unterschiedlichen Gegenstände in das Glas gibst, so sinken einige, zum Beispiel der Stein, die Muschel und der Nagel, bis auf den Grund. Die Kreide schwimmt auf der Honigschicht, die Haselnuss auf der gefärbten Wasserschicht und das Streichholz ganz oben auf der Ölschicht.

Das steckt dahinter!

Die drei Flüssigkeiten Honig, Wasser und Öl besitzen jeweils eine andere Masse. Der Honig ist am schwersten. Er hat die größte Dichte und bildet deshalb die unterste Schicht. Etwas leichter als Honig ist Wasser. Es schwimmt auf dem Honig. Die geringste Dichte hat das Speiseöl, sodass es die oberste Schicht bildet. Die verschiedenen Gegenstände, die du in das Glas gibst, besitzen ebenfalls eine bestimmte Masse beziehungsweise Dichte, nach der sie sich im Glas anordnen.

Das brauchst du

- 1 Schokokuss
- 1 leeres Obst- oder Gemüseglas mit Deckel
- 1 Dosenlocher
- 1 große Spritze (100 Milliliter)
- 2 Meter eines dünnen Silikonschlauchs
- flüssigen Klebstoff
- 1 Freundin oder Freund

Schokokuss

Der Schokokuss trägt viele Namen: Schokoladenkuss, Schaumzapfen, Schaumkuss, Schwedenbombe oder Naschkuss. Mit so einem Schokokuss kann man viel Spaß haben. Er kann nämlich richtig groß werden!

Mache dazu diesen Versuch

1. Bitte einen Erwachsenen, mit dem Dosenlocher ein Loch in den Deckel zu stechen und schiebe ein Ende des Silikonschlauchs hindurch, sodass er etwa zwei Zentimeter ins Glas hineinreicht.

2. Dichte das Loch mit flüssigem Klebstoff gut ab und warte bis er getrocknet ist.
3. Stelle den Schokokuss in das Glas und verschließe es mit dem Deckel.
4. Stecke die Spritze auf das Ende des Schlauches und ziehe sie bis zum Anschlag auf.

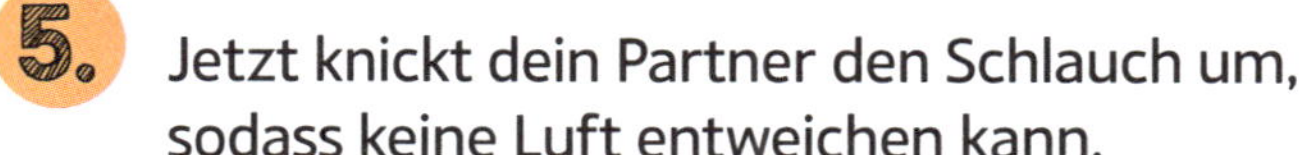

5. Jetzt knickt dein Partner den Schlauch um, sodass keine Luft entweichen kann.
6. Nimm nun die Spritze aus dem Schlauch und schiebe den Bolzen der Spritze wieder hinein.
7. Stecke anschließend die Spritze wieder in den Schlauch.
8. Dein Partner lässt den Schlauch los und du beginnst wieder, Luft abzuziehen. Das macht ihr mehrere Male hintereinander.

Der Schokokuss wird immer größer, bis er fast das ganze Glas ausfüllt. Der Schokoladenüberzug zerreißt dabei natürlich und der weiße Schaum kommt zum Vorschein.

Das steckt dahinter

Mit der Spritze ziehst du die Luft aus dem Glas heraus. Dadurch entsteht ein Unterdruck und schließlich ein Vakuum, also ein (fast) luftleerer Raum. Die weiße Masse des Schokokusses ist Eischnee, der sehr viele Luftblasen enthält. Wenn du die Luft aus dem Glas abziehst, dehnt sich die verbleibende Luft, also die in den Luftporen des Schokokusses, aus. Dadurch wächst er. Wenn du noch mehr Luft abziehst, platzen die Poren und die enthaltene Luft entweicht ebenfalls. Pumpst du wieder Luft in das Glas hinein, fällt der Schaumkuss zusammen. Da die Luft, die aus dem Schaum entwichen ist, nicht mehr dorthin zurück kann, wird der Schokokuss nach dem Experiment etwas kleiner sein als vorher.

Schokoladeneis

Das brauchst du

- flüssige Schlagsahne
- Milch
- 1 Päckchen Vanillezucker
- Kakaopulver
- viele Eiswürfel
- Salz
- 1 Esslöffel
- 1 langen Eislöffel
- 1 hohes Glas
- 1 Glasschüssel
- 1 sauberes Küchenhandtuch

Magst du Speiseeis? Welches ist deine Lieblingssorte? Ist es Schokolade? Dann mach dir doch selbst etwas Schokoladeneis – und zwar ganz ohne Kühlschrank. So haben es die Menschen auch schon früher gemacht, als es noch keine Kühlschränke gab.

Mache dazu diesen Versuch

1. Fülle in das hohe Glas zwei Esslöffel Sahne, vier Esslöffel Milch, ein Päckchen Vanillezucker und einen Esslöffel Kakaopulver.
2. Verrühre die Zutaten mit dem langen Eislöffel zu einer braunen Flüssigkeit.

3. Fülle die Glasschüssel mit den Eiswürfeln.

4. Streue richtig viel Salz auf die Eiswürfel und rühre gut um, damit das Salz überall auf das Eis gelangt.

5. Stelle nun das Glas mit den Eiszutaten in die Schüssel mit den gesalzenen Eiswürfeln. Achte darauf, dass das Glas von außen fast vollständig mit Eiswürfeln umgeben ist.

Schokoladeneis

6. Bedecke nun die Schüssel mit einem sauberen Küchenhandtuch, damit nichts in dein Eis fällt und stelle die Schüssel an einen kühlen Ort, zum Beispiel in den Keller.
7. Rühre alle zehn bis 15 Minuten um.

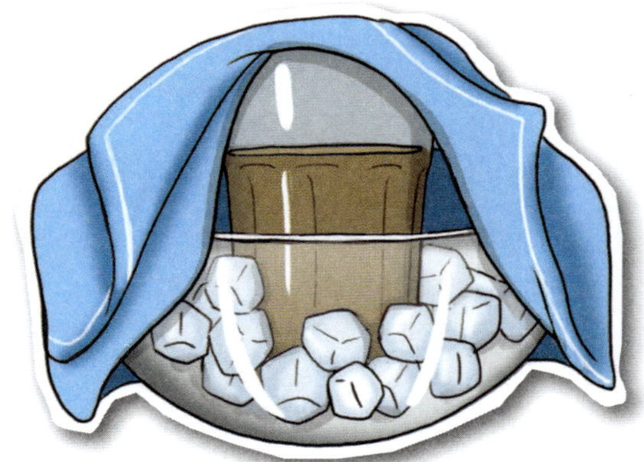

Die Speiseeisflüssigkeit gefriert. Dies tut sie zunächst am Glasrand. Nach etwa einer Stunde ist die Flüssigkeit zu einer cremigen Masse gefroren. Guten Appetit!

Das steckt dahinter !

Speiseeis ist eine Süßspeise aus Wasser, Milch und Sahne, Zucker, eventuell Eigelb und verschiedenen geschmacksgebenden Zutaten wie Kakao, Vanille, Früchten oder auch Lebensmittelzusatzstoffen. Für die Speiseeisherstellung werden die Zutaten vermischt und die Masse unter ständigem Umrühren gefroren. Durch das Umrühren gelangen immer wieder kleine Luftbläschen in die Masse, die das Eis cremig werden lassen. Dem industriell hergestellten Eis werden noch Hilfsstoffe wie Bindemittel, Stabilisatoren sowie Aroma- und Farbstoffe zugesetzt. Bei unserem Verfahren zur Eisherstellung haben wir noch nicht einmal einen Tiefkühlschrank benötigt. Das Salz bringt die Eiswürfel zum Schmelzen. Für diesen Schmelzvorgang wird Energie, also Wärme, benötigt. Diese Wärme holen sich die Eiswürfel aus der Eiscrememischung. Der Flüssigkeit im Glas wird also Wärme entzogen, dadurch kühlt sie sich ab und gefriert. Das Umrühren ist wichtig, damit immer wieder Luft in die Eismasse gelangt. Wenn du nicht umrühren würdest, würde die Masse zu einem festen Block gefrieren. Das macht man zum Beispiel, wenn man Eis am Stil haben möchte. Dazu steckst du einfach in einen kleinen Fruchtjoghurt einen Holz- oder Plastikstiel und stellst ihn ins Gefrierfach.

Kühlen ohne Kühlschrank

Wollten die Menschen früher Lebensmittel kühlen, so nutzten sie entweder ihren kühlen Keller oder sie besaßen einen Eisschrank. Das war ein Schrank aus Holz, der ein Fach für das kühlende Eis besaß. Dieses Eis sägte man aus zugefrorenen Seen oder Flüssen heraus und lagerte es in sehr kühlen Eiskellern.

Das brauchst du

- 2 Beutel schwarzen Tee
- Wasser
- 1 Wasserkocher
- 1 Zitrone
- 1 Zitronenpresse
- Milch
- 2 hohe Gläser

Tee

Der Engländer trinkt seinen Tee gern mit Milch oder Zitrone. Nicht jedoch mit beidem. Und das hat seinen Grund!

Mache dazu diesen Versuch

1. Erhitze etwa einen halben Liter Wasser im Wasserkocher.
2. Hänge je einen Teebeutel in die zwei Gläser und übergieße sie mit dem heißen Wasser. Lass dir dabei von einem Erwachsenen helfen.
3. Lass den Tee einige Minuten ziehen und entferne dann die Beutel.

4. Zerteile die Zitrone in zwei Hälften und presse sie mit der Zitronenpresse aus.

5. Schütte den Zitronensaft in eines der beiden Teegläser. Was passiert?

6. Gib nun auch noch einen Schuss kalte Milch in den Tee mit dem Zitronensaft.

Schütte den Tee mit dem Zitronensaft und der Milch nach dem Versuch in den Ausguss. Das zweite Glas Tee kannst du entweder mit Zitrone oder mit Milch trinken.

Durch die Zugabe von Zitronensaft wird der schwarze Tee heller. Gibst du Milch in den nun sauren Tee, so flockt die Milch aus. Das heißt, sie gerinnt.

Das steckt dahinter

Die Zitronensäure zerstört das Casein, das Eiweiß der Milch. Diesen Vorgang nennt man Denaturierung. Das Gleiche passiert, wenn du ein Ei kochst oder ein Spiegelei brätst. Die hohe Temperatur zerstört die Struktur des Eiweißes, wodurch es fest wird. Auch das in der Milch enthaltene Eiweiß verändert seine Struktur. Es wird fest und bildet die unappetitlichen Flöckchen im Tee. Das Experiment funktioniert übrigens auch mit Früchtetee. Denn Früchtetees werden häufig Vitamin C (Ascorbinsäure) und Zitronensäure zugesetzt. Das verstärkt die natürliche Farbe. Zusammen mit der eigenen Säure ist der Früchtetee für die Milch ebenfalls viel zu sauer. Sie flockt aus.

Das brauchst du

- 1 leere, weiche, dünnwandige Plastikflasche
- Wasser

Verformte Flasche

Luft zum Atmen ist für uns lebensnotwendig. Auch wenn wir sie nicht sehen können, sie umgibt uns ständig. Die Atmosphäre, die Lufthülle der Erde, reicht hinauf bis in eine Höhe von etwa 10.000 Kilometer. Luft hat aber auch Kraft. Wie viel Kraft sie hat, zeigt dir dieser eindrucksvolle Versuch.

Mache dazu diesen Versuch

1. Fülle die leere Plastikflasche mit warmem Wasser aus dem Wasserhahn.

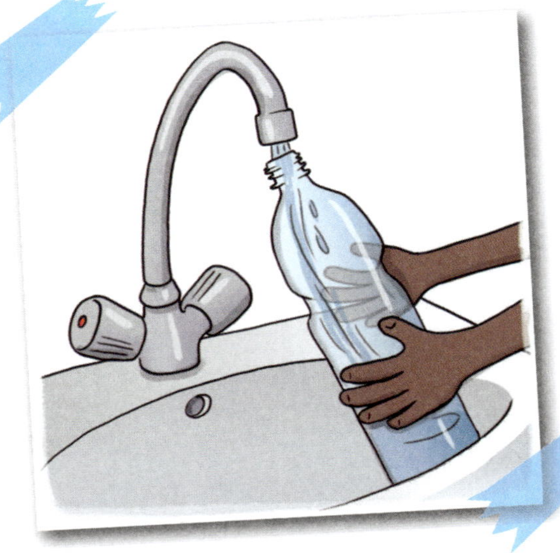

2. Gieße das Wasser wieder aus. Die Flasche ist ganz warm geworden.

3. Verschließe nun die Flasche mit dem Deckel und lege sie auf den Tisch.

Nach einer halben bis einer Minute beginnt die Flasche zu knacken und verändert ihre Form. Sie wird – wie von unsichtbarer Hand – zusammengedrückt und ganz flach oder dreieckig.

Das steckt dahinter

In der leeren Flasche befindet sich Luft, die durch das warme Wasser erwärmt wird. Warme Luft dehnt sich aus. Das kann sie ja auch, da die Flaschenöffnung nicht verschlossen ist. Wenn du jedoch die Flasche verschließt, sperrst du eine bestimmte warme Luftmenge ein. Während die Flasche auf dem Tisch liegt, kühlt sich die erwärmte Luft langsam wieder auf Raumtemperatur ab und zieht sich dabei zusammen. Das heißt, die in der Flasche befindliche Luft benötigt nun weniger Raum als im warmen Zustand. Durch das Zusammenziehen der Luft verringert sich auch der Luftdruck in der Flasche. Es entsteht ein Unterdruck. Es ist aber nicht dieser Unterdruck, der die Flasche zusammenzieht, sondern der höhere Luftdruck außerhalb. Denn die abkühlende Luft im Innern kann nicht mehr genug Gegendruck aufbringen, um die Flasche in ihrer Form zu halten. Deshalb verbeult diese. Die Kraft des Luftdrucks oder Unterdrucks nutzt man zum Beispiel auch bei Saugnäpfen. Sie halten an der Wand, weil zwischen dem Saugnapf und der Wand ein Unterdruck herrscht. Der Außendruck drückt den Saugnapf deshalb fest an die Wand.

Wasserzustands-formen

Du benutzt täglich Wasser. Morgens zum Waschen, zum Trinken und als Eiswürfel in Getränken. Und wenn du mal ganz stark erkältet bist, vielleicht auch als Dampfbad mit Kamille. Aber hast du dir eigentlich überlegt, wie die unterschiedlichen Zustände des Wassers entstehen und was daran anders ist als bei anderen Stoffen?

Das brauchst du

- Wasser
- 1 Kochtopf
- 1 Schüssel
- Gefrierfach
- Eiswürfelbehälter

Mache dazu diesen Versuch

1. Befülle einen Eiswürfelbehälter mit Wasser und stelle ihn für einige Stunden in das Gefrierfach. Falls du keinen solchen Eiswürfelbehälter hast, kannst du auch eine einfache Plastikbox benutzen.
2. Wenn du nach einigen Stunden nachschaust, hast du Eis. Die Eiswürfel klopfst du zur Hälfte aus dem Eiswürfelbehälter heraus. Die andere Hälfte packst du wieder in den Gefrierschrank, du brauchst sie noch.
3. Die entnommenen Eiswürfel legst du in einen Kochtopf und erwärmst sie auf dem Herd. Am besten lässt du dir dabei von einem Erwachsenen helfen.

4. Die Eiswürfel schmelzen langsam und werden zu flüssigem Wasser. Wenn du das Wasser weiter erwärmst, beginnt es zu kochen. Schließlich bildet sich aus dem Wasser Dampf, und wenn du den Herd jetzt nicht abdrehst, dann ist irgendwann das Wasser ganz verschwunden. Also Vorsicht, sonst brennt der Kochtopf an!

5. Nimm nun die Schüssel und fülle sie mit Wasser. Mit flüssigem Wasser, um genau zu sein.

6. In die Schüssel mit dem Wasser schmeißt du nun die restlichen Eiswürfel. Die Eiswürfel versinken natürlich sofort im Wasser. Oder doch nicht? Sind denn die dicken Würfel nicht schwer?

Wasserzustands-formen

Die Eiswürfel schwimmen oben! Am Grund eines Sees hat das Wasser immer mindestens eine Temperatur von 4 Grad Celsius. Es ist warm genug, damit die Fische überwintern können. Ist das Wasser hingegen kälter als 4 Grad Celsius, dehnt es sich wieder aus. Bei 0 Grad Celsius gefriert Wasser. Gefrorenes Wasser ist größer als flüssiges Wasser. Eis schwimmt also auf dem Wasser, und der See beginnt von oben zu gefrieren.

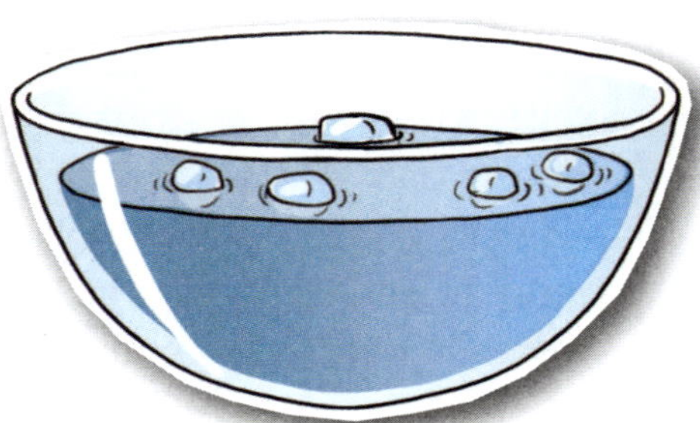

Das steckt dahinter !

Wasser kommt in drei Zustandsformen vor: fest, flüssig und gasförmig. Die Temperatur bestimmt, welche Zustandsform das Wasser gerade hat. Es gefriert bei 0 Grad Celsius und kocht bei 100 Grad Celsius. Dann beginnt es auch zu verdampfen. Den Übergang vom Eis zum flüssigen Wasser nennt man Schmelzpunkt. Den anderen Übergang, vom kochenden Wasser zum Wasserdampf, nennt man Siedepunkt. Viele Stoffe haben diese drei Zustandsformen. Jetzt gibt es aber eine Ausnahme. Dass die Eiswürfel im Wasser schwimmen, ist ungewöhnlich. Normalerweise dehnen sich Stoffe bei Wärme aus und ziehen sich bei Kälte zusammen. Beim Wasser ist das anders. Bis zu einer Temperatur von 4 Grad Celsius zieht sich das Wasser beim Abkühlen zusammen. Dann beginnt es auf einmal wieder sich zu dehnen. Es wird schlagartig größer. Weil nun die gleiche Menge Wasser in Eisform größer ist, ist das Eis leichter. Daher schwimmen die Eiswürfel auf dem Wasser. Diese unregelmäßige Ausdehnung von Wasser wird als Anomalie bezeichnet. Sie ist die Ursache dafür, dass tiefere Seen auch im eisigen Winter nicht bis auf den Grund zufrieren und so die Fische nicht zu Eis erstarren, sondern überleben.

Das brauchst du

- 1 Zitrone
- 1 Messer
- 1 Schere
- Aluminiumfolie
- 1 5-Cent-Stück
- Kopfhörer

Zitronenstrom

Handys, Lautsprecher und Taschenlampen benötigen Strom. Bei tragbaren Geräten verwendet man Batterien – kleine Stromspeicher. Doch Strom steckt nicht nur in der Steckdose und in Batterien. Auch stark säurehaltige Früchte, wie Zitronen, können Strom erzeugen.

Mache dazu diesen Versuch

1. Trenne von der Aluminiumfolie ein etwa zehnmal zehn Zentimeter großes Stück ab und streiche es glatt.
2. Schneide die Zitrone mit dem Küchenmesser in zwei Hälften.

3. Von einer der Hälften schneidest du eine etwa fünf Millimeter dicke Scheibe ab.

4. Lege die Zitronenscheibe auf die Aluminiumfolie.

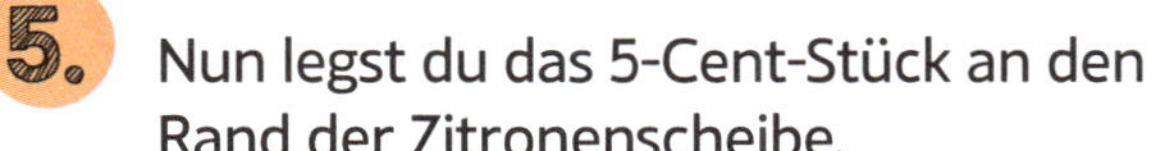

5. Nun legst du das 5-Cent-Stück an den Rand der Zitronenscheibe.

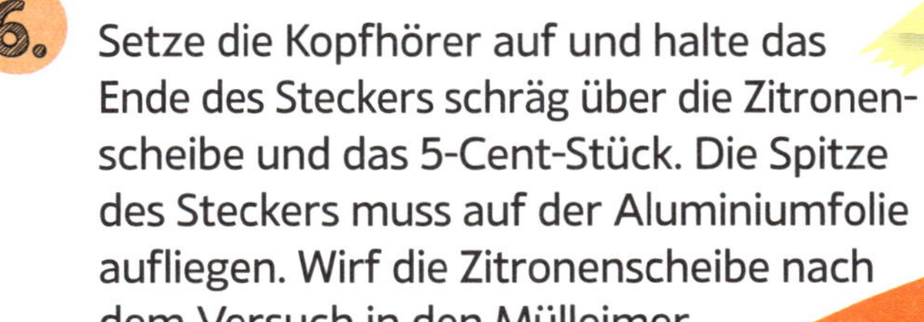

6. Setze die Kopfhörer auf und halte das Ende des Steckers schräg über die Zitronenscheibe und das 5-Cent-Stück. Die Spitze des Steckers muss auf der Aluminiumfolie aufliegen. Wirf die Zitronenscheibe nach dem Versuch in den Mülleimer.

Was passiert?

Wenn der Kontakt zustande kommt und der Strom fließt, hörst du ein Knacken oder Knistern im Kopfhörer.

Das steckt dahinter

Im Prinzip hast du eine einfache, sehr schwache Batterie gebaut. Eine Batterie besteht aus zwei Metallen, den Elektroden. Dabei ist ein Metall edler als das andere. Zwischen den beiden Metallen muss ein leitfähiger Stoff, ein Elektrolyt, vorhanden sein, durch den die Elektronen von einem Metall zum anderen wandern können. Bei deiner Mini-Batterie verwendest du als edleres Metall das Kupfer der 5-Cent-Münze. Das ist der positive Pol der Zitronenbatterie. Das unedlere Metall ist die Aluminiumfolie. Sie stellt den negativen Pol dar. Dazwischen befindet sich die Zitronenscheibe. Ihr saurer Saft ist der Elektrolyt, durch den der Strom fließt. Den fließenden Strom nimmst du mit dem Stecker des Kopfhörers ab. Durch die elektrischen Impulse vibriert eine Membran im Kopfhörer, die den Ton beziehungsweise das Knacken erzeugt.

Register 

Bildnachweis

shutterstock.com: Africa Studio 6, 34, Serg Zastavkin 9, ManuelSchÃ?Â?Ã?Â?Ã?Â?Ã?Â¤fer 12, CornelPutan 14, FabrikaSimf 16, Jiri Hera 18, Ljupco Smokovski 22, borzywoj 24, malialeon 26, Lapina 28, Sarah2 32, Rittis 36, Tacar 40, Rattana 44, Tatiana Foxy 48, Lyudmila Zavyalova 50, Andrey Bayda 52, Natallia Harahliad 54, Nawin Kitpipatphinyo 57, WS-Studio 60, Sunflower Light Pro 62, Slawomir Zelasko 64, Brent Hofacker 66, SMarina 70, J.Schelkle 72, Heller Joachim 74, rocharibeiro 76, Oxana Denezhkina 80, Hanasaki 83, Aleksandra Marinkovic 86, Wirestock Creators 88, PHILIPIMAGE 90, Pat_Hastings 92, Jiri Hera 94, MaraZe 96, Cesar M. Amor 100, Vladimir Sukhachev 102, Artiom Photo 104, Stenko Vlad 108, Doodles: Lida Bu, ghrzuzudu, Marina Akinina, sumkinn, tinkerbell0811, miniolka, Visual Generation, lineartestpilot, Gohsantosa, yuliia_studzinska, jvillustrations, balabolka, Arthur Balitskii